福建省考古研究院课题成果－1

指导　福建省文物局

主编　王永平

福建抗倭遗产

调查与初步研究

福建省考古研究院 / 编

高健斌 / 著

海峡出版发行集团

THE STRAITS PUBLISHING & DISTRIBUTING GROUP

福建教育出版社

图书在版编目（CIP）数据

福建抗倭遗产调查与初步研究/福建省考古研究院编；高健斌著. —福州：福建教育出版社，2022.9
（福建省考古研究院课题成果/王永平主编；1）
ISBN 978-7-5334-9494-0

Ⅰ.①福… Ⅱ.①福… ②高… Ⅲ.①抗倭斗争—文化遗产—调查研究—福建 Ⅳ.①K248.205

中国版本图书馆 CIP 数据核字（2022）第 157297 号

福建省考古研究院课题成果-1
指导 福建省文物局
主编 王永平

Fujian Kangwo Yichan Diaocha Yu Chubu Yanjiu
福建抗倭遗产调查与初步研究
福建省考古研究院 编 高健斌 著

出版发行 福建教育出版社
（福州市梦山路 27 号 邮编：350025 网址：www.fep.com.cn
编辑部电话：0591-83779650
发行部电话：0591-83721876 87115073 010-62024258）
出 版 人 江金辉
印 刷 福建新华联合印务集团有限公司
（福州市晋安区后屿路 6 号 邮编：350014）
开 本 787 毫米×1092 毫米 1/16
印 张 19.5
字 数 261 千字
版 次 2022 年 9 月第 1 版 2022 年 9 月第 1 次印刷
书 号 ISBN 978-7-5334-9494-0
定 价 88.00 元

前　言

说起明代福建，“倭寇”是个难以绕开的字眼。作为一股横行于东亚沿海地区的武装掠夺力量，倭寇曾让包括福建在内的中国许多地区官民闻之色变，给这片土地带来了难以承受的苦难。

忘记历史，就意味着背叛。

关于倭寇的记录与研究，从明代倭患初起时就开始了。进入20世纪至今，倭寇问题也一直吸引着世界各国现当代学者广泛关注，且取得了不少成果，相关文献可谓浩如烟海。在前贤成果斐然的情况下，2021年，福建省考古研究院于成立伊始，就向福建省文物局申报了“福建抗倭遗产调查与初步研究”课题，是有以下一些考虑：

1.以往的研究主要是以文献为主，因此，我们计划通过开展福建行政区域内的全面调查，从文化遗产的角度来讨论倭患的问题。从这一角度来开展的相关研究工作并不多见，值得我们尝试。

2.作为倭患重灾区的福建，在炮火与硝烟散尽几百年后，现存多少与倭患相关的遗产，需要我们花精力好好清点一番。而事实也证明，通过这次调查，我们对抗倭遗产有了更清楚的认识。

课题立项后，我们随即开展了文献方面的收集。主要对《明实录》及福建明清地方志之中有关明代倭患的记载进行了全方位的整理，并且查找了部分族谱以获取相关线索。

需要说明的是，一直以来，关于“倭寇”的界定众说纷纭。以往的一些著作中，把明代与倭乱同时发生的所有的其他寇乱、农民起义也都归于倭乱之列。对此，我们采取了谨慎的原则，只收集文献上明确说是倭乱的那些记录，对于当时内陆地区与倭乱有呼应的像邓茂七、吕尚四、张琏等不计算在倭寇内。至于当时所说的海贼如郑芝龙、刘香等的活动，除非有明确的证据表明其某次劫掠部伍中有倭人，否则，我们也不予统计在内。

在收集完文献资料、获取了相关线索后，我们开展了田野调查工作。尽管调查工作受到新冠肺炎疫情等客观情况的影响，但我们还是克服困难，力所能及地进行了实地勘察，并在调查工作结束后，开展了初步研究，最终形成了这部书稿。

本书的总体结构，大体可分为两个部分：一部分是以设施为中心的遗产，包括卫所防御体系、官修民修城池寨堡以及战场遗址。出于内容体量的考虑，本书将这部分一分为二。另一部分是以人为中心的遗产，包括受倭乱影响的将领、官员、士绅、兵士、义士、普通人等。因此，最终呈现在本书里的，是以下三个部分内容。

第一部分，是卫所防御体系遗产。

为了抵御倭寇，自明王朝建立伊始，朱元璋就派遣江夏侯周德兴到福建，构筑了一个以卫所为中心的防御体系，兴建了一批卫所城池、巡检司城及烽燧。

明代修建的卫所城池，几乎都经历了倭寇的侵扰（除了万安所，直接提到在此地与倭寇交锋的文献暂未发现）。在本书中，我们将文献中提到的以及考古调查中发现的所有与该卫所相关的同倭寇交锋的记录及该城池屡次修建（特别是明代时期的重修）的记录按时间顺序交织在一起，简略但完整地加以呈现。同时，对现在是否还保留有明代的城池风貌进行了确认。

虽然周德兴在构建卫所防御体系时已经考虑到“临海地疏节阔目，非一卫一所能遥制，更设巡司于瑕隙地，司各有寨城，有官，有射手百，间杂以房帐墩台，斥堠相望，登高望之，若繁星之丽天河矣”，但实际上，与较为稳定存在并普遍筑有城池的卫所相比，巡检司在等级上较为低下，地位也相对次要，许多巡检司实际上并未修建城垣。因为本书关注点为物质遗产，所以只对那些明代曾经修筑过城垣的巡检司进行了文献梳理与实地调查，对它们的沿革与保存现状做了相对完整的记录。

在明代江夏侯周德兴构建的以卫所为中心的备倭防御体系中，烽燧也是重要一环。但是，由于年代久远，当年的众多明代烽燧在清代方志的记载中就已标明为“荒废”。到现在，不少明代烽燧都已消失或因道路中断而无法实地勘察。而且，还有一个棘手的问题是，由于证据缺乏，很难分辨现存烽燧是明代烽燧，还是清代烽燧。限于客观条件，本书暂时只能做到一方面对文献进行梳理，另一方面在排除掉确定修筑于清代的烽燧外，对现存烽燧尽量记录。

第二部分，基本可看作是抗倭战场遗址。

明代中期，特别是嘉靖年间之后，随着倭患愈演愈烈，以往只是零星登陆骚扰的倭寇开始了大规模的登岸侵扰，直至攻城掠寨。这些成为战场的城寨包括：一些官方修建的原本并非因防御倭寇而建的府州县城；一些原本没有修建城池，因为倭患的威胁，而紧急建造的州县城池；一些因为倭患的威胁而由民间自发修建的城堡寨垒。对于上述几种城堡寨垒，我们都进行了调查和选择，并对它们的现状进行了详尽的考辨与记录。

除此之外，在抗倭期间，明军与倭寇在郊野还发生过多次战役，虽然这些战场现在已几乎没有存留任何抗倭的痕迹，我们还是选择了少数几处战场遗址，附记在这一部分的末尾。

第三部分，在前述以防御体系与作战地点为主的遗产外，还值得我们高度重视的是与人物相关的遗产。这些人物包括将领、官员、士绅、兵士、义士、普通人等。

鉴于本书的体例，出现在本书里的人物以是否现存有物质遗产为取舍标准。这样一来，有不少散见于文献中的人物，如谭纶、汪道昆、黄钊、王如龙等人，虽然功绩显赫，却未出现在本书中。以戚继光为例，从文献上可知，当年抗倭胜利后在福建全省许多地方都建有诸如戚公祠之类的纪念性设施，但由于现在许多地方的戚公祠已经消失，因此本书只记录了尚存的祠宇与记功碑刻。

顺便说明一下，抗倭将领与官员们在军事活动之余，于各处的记游摩崖，如果不是和抗倭直接相关，本书也未予收录。

与此同时，也有一些文献无征的抗倭人物，以孔兆熙为例，虽然其人未见诸文献，但在民间传说中，绘声绘色地描述了其抗倭事迹，并被作为神灵而供奉。本书将供奉孔兆熙的庙宇也列入抗倭遗产范围。

此外，本书还给予倭乱时期的普通人更多的关注。

这其中，有许多兵士与义士，他们奋勇抵抗，不幸捐躯阵亡，现只存留为数不多的纪念遗产；有许多无辜丧生于倭乱的普通人，连姓名都未能留下，被好心人合葬一丘；还有许多虽然在倭乱中幸免于难，但这种苦难的记忆伴随余生的普通人。让我们倍感遗憾的是，这类遗产消失得太快太多了。

最后，还有一些遗产，原来被视作抗倭遗产，但在本次调查中，发现疑点很大。

例如，福鼎玉塘夏氏义冢，原记录称，位于福鼎市桐城街道玉塘村尾厝园自然村东门外100米，始建于清道光十五年（1835），是道光某年农历八月十八夜倭寇入侵玉塘，全村群众被杀，后收埋于此。但道光年间未闻有倭乱，此传闻当不确。

再如，现存莆田莆禧西龙寺有两块碑刻。其一为明弘治四年“莆禧所千户侯曾御暴爱民碑”，原记录称，碑文记载了新安里民众在曾氏千户侯带领下奋起抗倭以及曾氏千户侯战功卓著和爱民的事迹，落款“弘治四年十二月吉日新安四境乡民从等立”。但实际上从碑文中只能看出，弘治初年曾姓千户“御暴爱民”，无法确认与倭乱有关。其二为“两任莆禧所篆廖侯去思碑”，原记录称，碑文记载嘉靖年间廖总兵爱民和抗倭事迹。但实际上碑刻无年月，不能确认是“嘉靖年间”，该“廖侯”也无法确认是谁，因此也无法确认此“去思”包括其抗倭的功勋。

又如，石狮永宁镇的陈有纲墓，原记录称，陈有纲为明万历三十二年武进士，殿试探花及第，官至广东南头副总兵，抗倭有功。但文献上只有其为广东都司，未见抗倭事迹。

此外，在莆田平海海边立有石坊一座，另有石碑一方，石坊匾曰“师中贞吉”。民间据此石坊和石碑构建了一个抗倭故事，并将此地称为福建省唯一一处抗倭女杰遗迹。以下摘录一段典型的说法：这是一块题名为“师中贞吉”的石碑，始建于明代，碑高2米许，宽约0.6米许，经多年海风侵蚀，石碑字体已斑驳，依稀可辨识碑首刻有“皇明，兴化……”等字。石坊与石碑相隔几米远，石坊全部用条石砌筑而成，以四根长条石为柱，撑起长条石大梁，大梁上面由长条石紧拼而成石坊顶，坊顶翘角也为石雕而成。“师中贞吉”石碑、石坊是为纪念一位来自南日岛水寨的抗倭女杰而建，当年在倭寇的侵犯下，平海卫城曾一度被侵占掳掠。这位南日女英雄挺身而出，组织家乡的义军，成立船队，出没于平海湾，奋勇杀敌，狠狠打击了倭寇。后来，壮烈牺牲于战斗中。现今，风化严重的石碑上，女英雄的名字已经模糊难辨了，但是她保家卫国的英勇壮举永远铭刻在家乡人民的心中。经笔者至现场调查确证，石碑实际上为“皇明兴化郡二守远心沈侯去思德政碑记”。因此，这类遗产本书也未收录。

本书的出版，只是福建抗倭遗产调查与研究的起点，希望未来会有越来越多的研究者通过本书而产生兴趣，加入到这一领域的研究，写出越来越多的好作品。

高健斌

2022年6月16日

编写说明

1. 本书文字一律用简体，碑刻中异体字、异形字、俗字如太过生僻，径用常用字代替。
2. 碑文按原刻行列，以“/”号分隔。《都督俞公生祠记碑》《欧阳将军忠节祠碑记》因笔者未见到文物实物，故分隔号阙如。
3. 因遗址考察复杂的现场因素，少量遗址相关数据缺失。
4. 本书所用照片，标注有拍摄者的除外，其余照片版权皆归属笔者。

目 录

三、烽燧

第二部分　抗倭战场遗址

一、官修城池

三、战场遗址

第三部分　与人物相关的抗倭遗产

一、抗倭将领相关遗产

第一部分

卫所防御体系遗产

明王朝建立伊始，为了抵御倭寇，朱元璋派遣江夏侯周德兴到福建，构筑了一个以卫所为中心的防御体系。“筑城一十六，增置巡检司四十有五，分隶诸卫以为防御”，在朱元璋的诏令中，明确指出“戍兵以防倭寇”。除了这十六座卫所城外，稍后几年，又在现今厦门岛建造了永宁卫中左所城。[1]而在卫所城池、巡检司城外，同时建造的还有大量烽燧。这些卫所城池、巡检司城、烽燧，构成了明朝政府设想的最主要的防倭军事体系。

[1]《明实录》/ 太祖 / 卷一百八十一　洪武二十年三月至四月 / 四月 / 8 日，2735 页。

一、卫所

明初，江夏侯周德兴奉朱元璋之命在福建于沿海设立五卫十二所，这其中福宁卫与福宁州城同城，没有专门建造卫城，所以说是“筑城一十六”。在稍后几年，又增筑了永宁卫中左所城。共十七处卫所城池。

这十七座卫所城，自北向南大致的顺序分别是大金所城、定海所城、梅花所城、镇东卫城、万安所城、平海卫城、莆禧所城、永宁卫城、崇武所城、福全所城、金门所城、中左所城、高浦所城、镇海卫城、铜山所城、六鳌所城、玄钟所城。

本次调查发现，当时修建的这些卫所城池并未完全保存下来。现将情况介绍如下。

1. 大金所城

大金所城（今宁德市霞浦县长春镇大京村），旧为西臼巡检司，明洪武二十年改立千户所。明江夏侯周德兴始筑城。周五百八十二丈，高二丈一尺，厚一丈。东、南、西、北各一门。[1]永乐八年，倭寇攻破大金所。[2]永乐十五年，御史韩瑜、都指挥谷祥增高三尺，复砌三门月城。沿城濠堑阔一丈，深六尺。[3]正统五年三月，福建都司奏大金所城旧以碎石垒之，时时损坏，请造砖裹其外为经久计，从之。[4]嘉靖三十五年十二月，倭寇攻福宁，知州钟一元墨缞编往征大金，诸生陈坡阵亡。[5]三十八

[1]（万历）《福宁州志》卷三／建置志／城池／大金千户所城。

[2]《明实录》／太宗／卷一百十　永乐八年十一月／ 11 日，1410 页。

[3]（万历）《福宁州志》卷三／建置志／城池／大金千户所城。

[4]《明实录》／英宗／卷六十五　正统五年三月／ 17 日，1251 页。

[5]（万历）《福宁州志》卷十六／杂事志下／时事。

大金所城遗址航拍图

大金所城西门遗址

大金所城南门内侧遗址

年夏四月，倭寇由大金攻福安，佥事舒春芳督兵捕之。[1]万历元年，南贼突犯大金。[2]万历元年十二月庚申动工拓西、南城，告成于次年十一月辛未。往西拓城一百二十丈余，往南拓城亦如是，合城凡二百四十丈余。为垛者三百八十余，为窝铺者六，为敌台者三，为城门者二。（见本书《大金拓西南城碑记》）

现场调查可确认，万历年间修建的城池，其城墙、城门基本完好保存至今，西、南门上门匾犹存。

[1]（万历）《福安县志》卷八 / 文翰志 / 重筑县城记。

[2]（万历）《福宁州志》卷十一 / 人文志一 / 忠义 / 州 / 国朝 / 白受采。

大金拓西南城碑记

大金为福宁卫守御千户所。其城之者，自／本朝洪武初江夏侯周德兴，为防倭计也。城延袤故窘，军在城中而民顾居外，已非域民之体。且民自筑堡，别于城。重寇压之，守或／不支，而反为城害，尤非举事之宜。迩岁，勋勦屡患。而当事者或议增城而徙域（按：碑文如此，当作“城”）军，或议毁堡而反驱民图。揆竭情而安攘鲜效，则何／以故？坐在事远于体而举匪其宜，盖两失之也。我／分守藩伯竹峰徐公镇莅兹土，洞若观火，乃檄州守刘君介龄察体度宜，拓城居焉。始则庠士郑生炎、林生应龙、郑生友士、郑生守／道辈请西拓城，中军格以宜南，则几为道旁□舍。公亲至裁定，询两便以从事。顾为费巨，乃发公帑羡及听民间财各伍百余两资／之。继则新甃初累，石肉未粘，会天淫雨，□者强半，则几为中道之画。公亲持果决，帅诸属以从事。顾为费重，复请公帑羡七十余两／益之。遂经始于万历元年蜡月庚申，告成于次年复月辛未。

大金拓西南城碑记

为西拓者，城一百二十丈余，为南拓者称是。合城凡二百四十丈余，为／垛者三百八十余，为窝铺者六，为敌台者三，为城门者二，为城濠堑道者缘之，咸焕然就绪。于是坚壁等诸完璞并包，捣乎偏幪，□／纵往来。弄波涛中，视□□如在山之势。楼橹之巍巍，旟旐之闪闪，真足以褫其魄而夺其胆去矣。君子谓是举也，石画者二，得体而／不谬也，协□□□□也；□任者二，定议而不摇也，振颓而不废也；成功者一，制变而不匮也。语曰：“桃李不言，下自成蹊。”公顾恂恂不／□□□而成城莫哲焉，其是之谓乎？抑公之功尤有未易尽者。拓大金所以巩福宁之藩屏也，巩福宁所以扼全闽之咽喉也。／□（按：当作“国”）初取闽由海道进，而由福宁之北以达晋安之南，固建瓴破竹之势也。此而巩则咸巩矣，此而扼则咸扼矣。使公而安蓟辽，则必／□河川古北口而阜之障也；保全山后，则必黄河套受降城而峻之防也。此举诚足以当之，则岂奥渫之绩，隅方之略已哉？特人未／易益识之耳。

公湖广黄冈人，讳时可，别号竹峰。嘉靖乙丑进士，由留曹陟今官。镇莅所施，肃静平恕，靡不怀服，而拓城特其最巨诸所。禀□而受／成者：州守为刘□（按：当作“君”）介龄，北路守备为方君伯，州同知为李君稷，州判官为丘君思高，吏目张君日跻，卫挥使为沈君柱、张君本，千兵（按：原碑如此，当作“户”）／王廷臣、□□、周伦，庠生王仕俊、彦民、郑友□、□□□□□、郑冕、郑大谟、郑文孟、郑友正、郑任、郑文智、郑永定、郑忆、郑守正，均劳，得书。

承直郎广东广州府通判郡人莲阳吴垔撰

大明万历□年十有一月冬至之吉城首州主（按：原碑如此，当作“生”）员郑炎、林应龙、郑友士、郑守道立

大金所城西门门匾匾文：

大明万历二年甲戌，仲冬吉旦，福建布政使司分守建宁道右参议黄冈竹峰徐时可鼎建立。

大金所城西门门匾

福宁州知州刘介龄、北路守备都司方伯、委督监造官福宁卫指挥同知沈柱。城首生员郑炎、林应龙、郑友士、郑守道。

大金所城南门门匾匾文：

福建布政使司分守建宁道右参议徐时可，福宁州知州刘介龄，北路守备司方伯，督造指挥王勋，千户王廷臣、丁升、余元显、张煌，百户龚勋、周俭、宋邦彦、李上、高凌汉。

万历贰年仲冬吉月立

大金所城南门门匾

2. 定海所城

定海所城（今福州市连江县筱埕镇定海村），明洪武二十年江夏侯建，高厚各如大金，即周五百八十二丈，高二丈一尺，厚一丈。[1]永乐八年，倭寇攻破定海所。定海千户所领兵百户金旺等遇贼先遁，致贼杀伤官军。[2]正统五年三月，福建都司奏定海所城旧以碎石垒之，时时损坏，请造砖裹其外为经久计，从之。[3]嘉靖三十三年，倭寇二百余从定海往罗源。[4]三十七年正月，倭连艘泊定海，戕杀男女，备极惨毒，掠富家儿，揭名于路，令行赎。[5]嘉靖四十年，以倭警增筑二百二十丈，设参将驻守。清初裁改为连江营游击署，康熙雍正间与东岱同修，西南为门三，沿城凿濠。后裁废。[6]

定海所城“会城重镇”匾

现场调查发现，只剩西门尚完整，其余城墙已倾圮。西门匾额书“会城重镇”，左侧落款“仲秋吉旦重修”尚可辨认，但右侧上款只有“丁酉”二字可辨。在明清可能的时段内，“丁酉”年可对应的年份有：1477 年，成化十三年；1537 年，嘉靖十六年；1597 年，万历二十五年；1657 年，

[1]（万历）《福宁州志》卷三 / 建置志 / 城池 / 定海千户所城。

[2]《明实录》/ 太宗 / 卷一百十　永乐八年十一月 / 11 日，1410 页。

[3]《明实录》/ 英宗 / 卷六十五　正统五年三月 / 17 日，1251 页。

[4]（道光）《新修罗源县志》卷二十九 / 祥异志 / 兵警。

[5]（乾隆）《福州府志》卷十三 / 海防 / 倭寇福州始末（附）。

[6]（民国）《连江县志》卷六 / 城市 / 堡 / 定海堡。按：该书称“洪武三十年江夏侯周德兴檄建，周六百丈，高二丈”，与（万历）《福宁州志》不一，当以后者为准。

定海所城遗址航拍图

顺治十四年；1717 年，康熙五十六年。基本可以确认，此处的“丁酉”是康熙五十六年。因为这一年，闽浙总督觉罗满保等人奉康熙圣旨，在沿海各处大修城堡，这也与民国县志上所称康熙雍正间修建吻合。由此，现存的定海城已难觅明代抗倭时的痕迹。

3. 梅花所城

梅花所城（今福州市长乐区梅花镇），明洪武二十年江夏侯周德兴奉命造立城池，三面跨海，南建沙冈，延袤三里。城高一丈八尺，广六尺，周六百四十八丈。女墙一千二百二十，战楼二十有四，窝铺二十，东、西、南三面各辟门。东门至海，南门面山，西则水门，潮至舟航抵城下。内则梯岩架屋，栉比鳞次，皆兵民之居，最称雄峙。[1] 嘉靖三十七年正月，倭连艘泊梅花，戕杀男女，备极惨毒，掠富家儿，揭名于路，令行

[1]（民国）《长乐县志》卷六 / 城市志 / 防海各城 / 梅花千户所城。按：原书作“洪武十年”，当误。（乾隆）《福州府志》卷十三 / 海防 / 防御要冲 / 长乐县 / 梅花所，作“洪武二十年”，据改。

梅花所城遗址航拍图

梅花所城城门遗址一

梅花所城城门遗址二

赎。[1]三十八年五月二十五日，福建永福等倭驾舟开出梅花洋，参将尹凤、备倭指挥张侨等以舟师分艅击之，斩首一百七级，生擒九人。[2]六月十七日，福建倭自梅花洋开船遁，参将尹凤以水兵追击，于横山斩首一百二十余级，生擒三十二名。[3]梅花城由花岗石建成，明万历年间，倭寇在长乐多次掠境，但始终未攻破梅花所城。城外岁患风沙，渐积夺地，每以所军挑之。清康熙五十八年，知县卫良佐领帑重修，详改为寨。东门仍旧址，西门曰朝宗门，计长二百二十四丈。[4]

---

[1]（乾隆）《福州府志》卷十三 / 海防 / 倭寇福州始末（附）。

[2]《明实录》/ 世宗 / 卷四百七十二　嘉靖三十八年五月 / 25 日，7936–7937 页。

[3]《明实录》/ 世宗 / 卷四百七十三　嘉靖三十八年六月 / 17 日，7944 页。

[4]（道光）《长乐梅花志》卷二 / 建置 / 城。

现场调查发现，目前梅花所城的东城墙和东城门保存较完整，而这个城门和这段城墙尚为明代倭寇攻打梅花所时的原物，是重要的抗倭遗产实证。

4. 镇东卫城

镇东卫城（今福清市海口镇城里村），明洪武二十年江夏侯周德兴筑，周八百八十余丈。嘉靖中数被倭寇。倭环而攻之，累月不能破。[1]三十四年十一月十三日，倭攻镇东卫城，将官戴洪、高怀德、张銮出战，殁于阵。[2]清康熙九年改造为寨。[3]

现场调查发现，该城址已彻底废弃，城池荡然无存。有一段南至北长约 5 米，高约 3.5 米，厚约 3.3 米的古残墙，据称是镇东卫城墙残迹。另存有一块叶向高写的《镇东卫新创兵营记》残碑，仅碑题可辨。碑文据县志如下。

镇东卫新创兵营记

嘉靖季，倭大苦闽。定远戚将军提兵入闽，倭熖乃息。随度宜视险置募伍，凡数十屯。而镇东为三山屏蔽地，最重。总戎大将以春秋临其疆，櫜鞬殳矛之士不下二千人，皆杂军民而居，哗嚣无纪，日寻于讼，盖此邦为之骚然矣。大将军呼公时参戎事，乃奏记中丞庞公，请为营于城东之演武场，以居行伍。傍卫署构房，处麾下之士，毋杂居人。中丞公是其请，捐饷金助工。诸画地宜料经费，计徙庸迄于竣事无遗虑焉，皆公策也。营既成，而士安其伍，民安其居。东城之人念公伐不置，属吉于余。余惟闽自中倭以来，疆事为重。元戎专阃惟朘夺吾军士是图，曾有审利害、计经远、创百世之规，以为民便者乎？彼其摧锋冒刃，出汤火而衽席之，则戚将军之烈所以光万禩也。事既宁矣，衅亦旋滋。相矛

[1]（乾隆）《福州府志》卷十三 / 海防 / 防御要冲 / 福清县 / 镇东卫。

[2]（乾隆）《福州府志》卷十三 / 海防 / 倭寇福州始末。

[3]（乾隆）《福州府志》卷十三 / 海防 / 防御要冲 / 福清县 / 镇东卫。

镇东卫新创兵营记

起怨，袁马兴谣而相协，厥居胥有宁宇。张拳裂眥之患消，投石超距之勇夺，则公之功继戚将军而并耀也。令司戎柄者皆存公之心，又何忧哉？公亦可以颂矣！公名良朋，字如兰，即卫人，由世胄历征蛮将军、都督佥事。[1]

5. 万安所城

万安所城在福清平南里（今福清市东瀚镇万安村），去县治一百二十余里。明洪武二十年江夏侯周德兴督造，垣高一丈六尺，周五百二十五丈，女墙八百二十有七，警铺一十有三，敌楼一十有八，东、西、南为三门，上皆建楼。清代沿其旧，安兵防守。[2]

万安所令人诧异的一点是，在笔者查阅的文献中，未见到与倭寇作战的记录。实地调查中发现，仅存三段残城墙，东段长 45.5 米，残高 5.3

[1]（乾隆）《福州府志》卷十三 / 海防 / 防御要冲 / 福清县 / 镇东卫 / 镇东卫新创兵营记。

[2]（乾隆）《福清县志》卷三 / 建置志 / 城池 / 万安所城。

万安所城遗址航拍图

万安所城城墙遗址

米，厚 4.5 米；西边南段长 70 米，残高 4.8 米，厚 4 米；北段长 80 米，残高 6.2 米，厚 4 米。二段残城墙都在近年经过重修，明代城址风貌所剩无几。

6. 平海卫城

平海卫城在县东九十里，地名南啸（今莆田市秀屿区平海村）。明洪武二十年，因倭患特命江夏侯周德兴相度要害创立卫所，建平海卫城。遣兴化卫指挥吕谦监筑，时拆东角遮浪海堤石，移砌此城。周回八百六丈七尺，广一丈四尺，高一丈八尺，垛高六尺。计垛一千三百一十，窝铺三十，门四，东、西二，南二（俗呼大南门、小南门），各建楼其上。城形势北仰南俯，三面际海，以海为池，不凿堑。城北不置门，据高山筑台以瞭望。[1]永乐八年，倭寇攻破大金、定海二千户所，于福州、罗源等县，杀伤军民，劫掠人口及军器粮储，遂乘势攻围平海卫城池，指挥

[1]（乾隆）《莆田县志》卷三 / 建置志 / 城池 / 平海卫城。

王儁督战，百户缪真等战死。自辰至戌，贼始退散。[1]正统八年，侍郎焦宏奉差巡视海上，命本卫指挥王茂增筑敌台数十。弘治十年七月，飓风作，城楼、窝铺掀揭无存。监司命指挥王昊区画修治如故。[2]嘉靖三十四年十一月二十九日，倭寇犯福建兴化府涵头铺等处，平海卫正千户丘珍、副千户杨一茂与战，死之。[3]嘉靖四十二年倭寇结巢崎头城，与都指挥欧阳深相拒，久之不出。二月二十六日，深望见其兵少，轻之，直前挑战，伏发，深与其下数百人皆战死。贼乘胜攻陷平海卫。[4]四十二年四月十三日，占据平海卫的倭寇引舟出海，把总许朝光以轻舟抄之，斩首四十九

平海卫城遗址航拍图

[1]《明实录》/太宗/卷一百十　永乐八年十一月/11日，1410页。

[2]（乾隆）《莆田县志》卷三/建置志/城池/平海卫城。

[3]《明实录》/世宗/卷四百二十八　嘉靖三十四年十一月/29日，7406页。

[4]《明实录》/世宗/卷五百十八　嘉靖四十二年二月/26日，8500页。

级，贼乃尽焚其舟，还屯平海。[1]二十日，副总兵戚继光督浙兵至福建，与总兵刘显、俞大猷夹攻原犯兴化倭贼于平海卫，大破，平之，斩首二千二百余级，火焚刃伤及坠崖溺水死者无算，纵所掠男妇三千余人，复得卫所印十五颗。自是福州以南诸寇悉平。[2]八月，知府易道谈议折粮银转发指挥邱鼎实等监督兴复及置守城器械。隆庆四年夏，风雨异常，门楼关垣又坏，知府林有源议给粮剩银重修。至清乾隆年间时已废。[3]

平海卫城于20世纪60年代拆毁，至本次调查时，仅有所谓南门遗址，名称犹在，但实际已基本看不到明代平海卫城的痕迹。

7. 莆禧所城

莆禧所城在郡城东南九十里（今莆田市秀屿区莆禧村）。明洪武二十年，江夏侯周德兴命指挥吕谦与平海卫同建（亦拆海堤石移砌）。周回五百九十丈，广一丈二尺，高一丈二尺，垛六尺。计垛一千四十有九，窝铺二十，门四，各建楼其上。东、南、北阻海，西凿旱壕，长二百一十丈，广二丈深八尺。[4]嘉靖四十一年秋，倭人入寇，莆禧所城被围五十余日，据称有神灯四布，夜夜绕城，而寇终不得入城。[5]城岁久倾坏。万历三年，分守宋豫卿命知府吕一静重修城楼、窝铺俱完。后于四门各筑敌台一座，以便守御。[6]

随着卫所制度的废除，加之清初迁界时，曾将莆禧所内居民迁居，尽管台湾平定后莆禧重新成为人口繁华的聚居地，但城池没有进行重修，基本保持了明代防倭时的原貌。至抗日战争时，古城遭到日本飞机的大

[1]《明实录》/世宗/卷五百二十　嘉靖四十二年四月/13日，8518页。

[2]《明实录》/世宗/卷五百二十　嘉靖四十二年四月/20日，8522页。

[3]（乾隆）《莆田县志》卷三/建置志/城池/平海卫城。

[4]（乾隆）《莆田县志》卷三/建置志/城池/莆禧所城。

[5]见位于涵江城隍庙内的《凤岭鼎建鲤江城隍庙碑记》。

[6]（乾隆）《莆田县志》卷三/建置志/城池/莆禧所城。

肆轰炸，东南角一座烽燧也被日军击毁无存。国民党守军为疏散城内民众而自毁西、南两座城门和周围部分城墙。1949 年后，古城因人为因素，受到损坏。现保存城墙 1335 米。尚存东、北城门及瓮城，城内有天妃宫、

莆禧所城遗址航拍图

莆禧所城瓮城遗址外侧

莆禧所城瓮城遗址内侧

莆禧所城城墙遗址

城隍庙、十字形石板路、明代石碑等，城外有明代八卦井一口。

“城外的火烧坑、严厝巷等因各村民众抗击围城倭寇而被焚毁血洗”的说法，笔者翻检到的文献材料中未见提及此事，仅朱潮的《天马山房遗稿》中提到嘉靖二十三年时，“千户白仁一员，军士三十六人，莆禧军民共扑贼船一只，贼徒十五六人”。[1]

8. 永宁卫城

永宁卫城在晋江三十都（今石狮市永宁镇永宁居委会东 1.3 公里），明洪武二十七年江夏侯周德兴筑。周围八百九十五丈，基广一丈五尺，高二丈一尺，窝铺三十一，门五，各筑月城，濠广一丈六尺。永乐十五年，都指挥谷祥等增广三尺。正统八年，都指挥刘亮、指挥同知钱辂增敌楼。成化六年，门楼圮，指挥杨晟重修。嘉靖三十七年五月，倭贼攻

[1]［明］朱潮《天马山房遗稿》卷四 / 记 / 海寇志。

永宁卫城遗址航拍图

城，指挥杜钦爵固守，贼不得入。[1]嘉靖四十一年二月八日，倭寇夜袭，破永宁卫，指挥王国瑞等降之。[2]城陷后，倭寇大掠数日，军民遁奔郡城，兵备佥事万民英悉遣还卫。三月，倭复来攻城，再陷，杀伤几尽。[3]四月二十八日，戚继光追剿原犯永宁卫倭寇，斩首百余级。[4]清康熙间，总督觉罗满保、巡抚陈瑸修城。[5]

[1]（万历）《泉州府志》卷四 / 规制上 / 城池 / 卫所城。

[2]《明实录》/ 世宗 / 卷五百六　嘉靖四十一年二月 / 8 日，8345 页。

[3]（万历）《泉州府志》卷四 / 规制上 / 城池 / 卫所城，卷二十四 / 杂志 / 盗贼类。

[4]《明实录》/ 世宗 / 卷五百四十五　嘉靖四十四年四月 / 28 日，8807 页。

[5]（乾隆）《泉州府志》卷十一 / 城池 / 永宁城。

整修一新的永宁卫城城门及城墙

现存残夯土城墙长 162 米，高约 1 米，厚 0.8 米。基本已非明代抗倭时旧迹。近年复建城门及城墙。

9. 崇武所城

崇武所城（今泉州市惠安县崇武镇），隶永宁卫，即宋小兜巡检寨，为自海入州界首。明初为巡检司。洪武二十年，江夏侯周德兴经略沿海地方，设立城池，乃移巡检司于小岞，而置千户所城。周围七百三十七丈，基厚一丈三尺，高连女墙二丈一尺，垛子一千三百单四个，为窝铺二十有六，城四方各辟一门，建楼其上。二十八年，千户钱忠重修门楼。[1] 洪武年间，倭寇由大岞登岸，人情汹惧，崇武所千户张荣奋然挥戈跃马迎战，阵亡，倭亦遁去。[2] 永乐十五年，都指挥谷祥等增旧城高四尺，及

---

[1]（嘉靖）《惠安县志》卷八／公宇／崇武千户所；《崇武所城志》城池，6 页。按：（万历）《泉州府志》卷四／规制志上／城池／卫所城，称“窝铺三十六”；《崇武所城志》城池，称“城基一丈五尺”。

[2]（嘉庆）《惠安县志》卷十八／兵制／军功／明／张荣。

砌东、西二月城，各高二丈五尺。[1]正统八年，都指挥刘亮同千户寇桢增筑敌台一座，在城之东门外。[2]嘉靖二十五年二月，海贼犯小兜海门，崇武所千户朱彤率兵入海捕获之。夏七月，海巨贼李大用寇大岞、三峰等处，朱彤追捕之，至暮贼退。[3]嘉靖二十五年九月初六日至嘉靖二十六年五月十三日，惠安知县陈良法以官帑百金，由千户朱彤董工，修筑北城墙约长六百余丈，重建南、北城楼。[4]嘉靖三十九年四月朔，倭贼攻城，掌印千户郭怀仁、巡捕千户朱紫贵失守，城陷。贼据城四十余日，燔军民居，杀掠殆尽乃去。[5]清顺治八年四月二十五日，所城为郑成功所破。

崇武所城遗址航拍图

[1]（嘉靖）《惠安县志》卷八 / 公宇 / 崇武千户所。

[2]《崇武所城志》城池，6页。

[3]《崇武所城志》碑记 / 崇武所朱侯爱民御寇碑记，93页。

[4]《崇武所城志》碑记 / 建崇武城楼记，92页。

[5]（万历）《泉州府志》卷四 / 规制志上 / 城池 / 卫所城。按：（万历）《泉州府志》将时间归于“嘉靖四十年”，据《明实录》/ 世宗 / 卷四百八十四 嘉靖三十九年五月 / 29日，8088页，及《崇武所城志》城池，6页，都记载时间为“嘉靖三十九年”。

崇武所城瓮城遗址门一

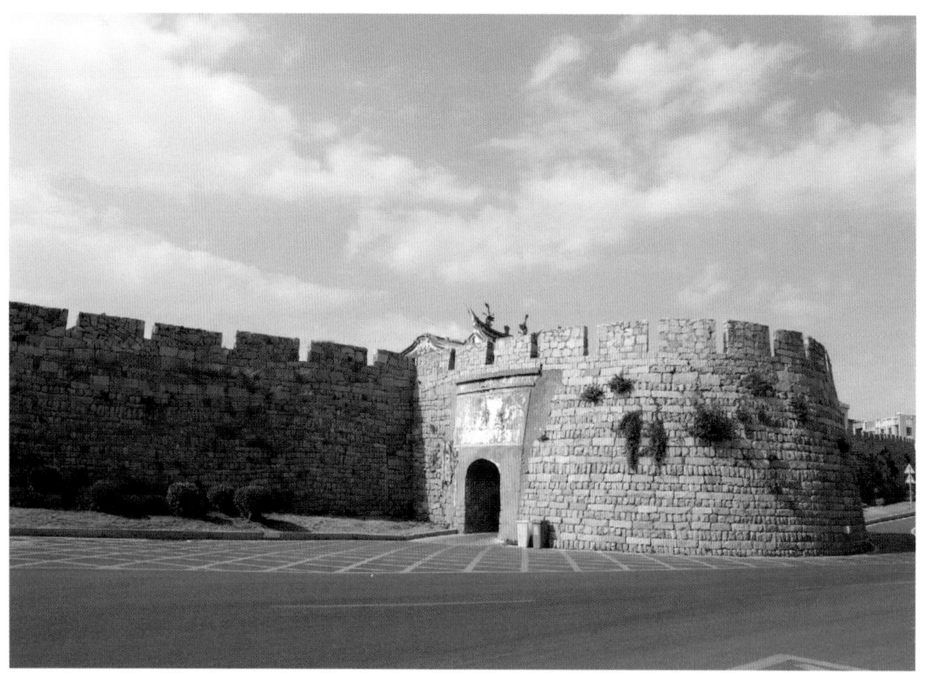

崇武所城瓮城遗址门二

康熙初年迁界，城颓屋毁，尽化为丘墟。复界后再修城池，历久渐圮。道光二十一年重修。[1] 其后，城池又渐圮。1983 至 1987 年再度全面维修。

崇武所城现留的城池，已经完全不是明代抗倭时的城池了。

[1]《崇武所城志》城池，6–7 页。

10. 福全所城

福全所城在十五都（今晋江市金井镇福全村），明洪武二十年江夏侯周德兴造为所城。周六百五十丈，基广一丈三尺，高二丈一尺。窝铺十有六，为门四，建楼其上。永乐十五年，都指挥谷祥增高城垣四尺，并筑东、西、北三月城。正统八年，都指挥刘亮、千户蒋勇增筑四门敌楼。[1]嘉靖末年，倭寇屡毁海滨，福全危急，民心惶惶，赖福全所诸生蒋君用聚众保城，出奇攻倭贼栅，连蹂五营，倭寇遂宵遁。[2]清康熙五十六年，

福全所城遗址航拍图

[1]（乾隆）《泉州府志》卷十一／城池。

[2]（乾隆）《晋江县志》卷五／秩祀志／附乡贤专祠之祭／蒋君遗功祠。

福全所城城门及城墙遗址

总督觉罗满保、巡抚陈瑸再修。[1]

笔者本次调查走访了解到，抗日战争时期，福全所城城墙被拆去建碉堡。1958 年金门炮战时，福全所城城墙再次遭拆除，仅留夯土城围及南、北水关。近年来，修复了北门、西门和西南的一段城墙。基本上，明代城池痕迹也已难以寻觅了。

11. 金门所城

金门所城在同安十七都浯洲屿（今泉州市金门县金沙镇官澳村，由

[1]（乾隆）《泉州府志》卷十一 / 城池。按：原书作“康熙十六年”，肯定漏了一个字，应该是“五十六年”，径改。

台湾当局实际控制），北倚山，东、西、南阻海。明洪武二十年，江夏侯周德兴筑。外环以濠，深广丈余，周围六百三十丈，基广一丈，高一丈七尺，窝铺三十六，门四。永乐十五年，都指挥谷祥增高三尺，筑西、北、南三月城，各建楼。正统八年，都指挥刘亮、千户陈旺增四门敌台。[1] 嘉靖三十九年三月，倭艘沿石碧兜登岸，与漳寇合党据平林掠人民庐舍。四月初二日，攻阳翟，合社与战，败死者百余人。于是诸乡自危，奔太武石穴中。倭掳乡人为向导，搜穴熏鼻，乃相率窜于官澳巡司城男女万余人。漳贼谢万贯、谢一贯复率十余船自浯屿月港而来，民益惧，乃推

[1]（万历）《泉州府志》卷四 / 规制志上 / 城池 / 卫所城 / 金门千户所城。按：（民国）《金门县志》卷八 / 建设 / 城寨 / 金门城，称“高连女墙二丈五尺”。

（万历）《泉州府舆地图说》之金门所

杨克绍为首，募壮四千人与战。而城高无水，人气郁蒸，众渴且惫，遂于初九夜溃围出，甫二百余人。贼纵火屠城，积尸与城埒，城外亦纵横二里许，妇女相携投于海者无数。贼四散饱掠自太武山西北靡有或遗。漳贼之舟楫杂沓不休，金帛货谷、户牖器械尽载以归，庐舍则一炬焚之。后邑令谭维鼎自率乡兵载火具浮海来援，与战皆捷，获倭酋阿士机、尾安哒等七人，斩倭级六颗，擒通倭谋城奸细丁乙中等三名，及流贼林时等六名。[1]万历二十七年毁。[2]清康熙时重修，为总兵所驻劄城。平台后，总兵陈龙以所城稍圮，人烟稀少，移驻后浦，城遂废。民国时，仅

[1]（民国）《金门县志》卷十二 / 兵事 / 历代兵事。

[2]（乾隆）《泉州府志》卷十一 / 城池 / 金门镇城。按：（民国）《金门县志》卷八 / 建设 / 城寨 / 金门城，称“嘉靖三十七年所署毁于火”。

存颓址。[1]

笔者本次未能实地调查金门所城保存现状，但基本可以了解到，解放战争时期，国民党军队将金门城墙石材移作工事，仅存夯土及部分基础砌石遗址。2007 年，金门城进行重修。据此，金门所城池也已经难觅明代时的痕迹了。

12. 中左所城

中左所城在嘉禾屿（今厦门市），明洪武二十七年江夏侯周德兴造。周四百二十五丈，高连女墙一丈九尺，窝铺二十有二，城阔八尺五寸，垛子四百九十六，门四，各建楼其上。徙永宁卫中左千户所官军守御。

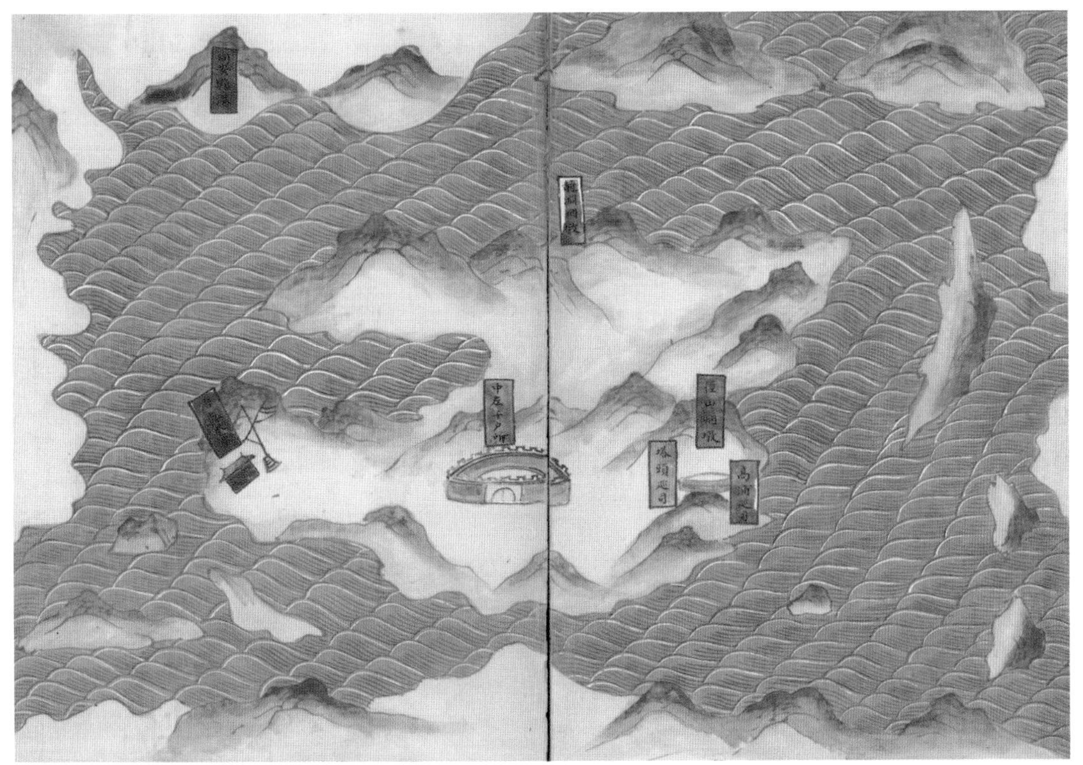

（万历）《泉州府舆地图说》之中左所

[1]（民国）《金门县志》卷八 / 建设 / 城寨 / 金门城。

现代重修过的清代厦门城城墙遗址

永乐十五年，都指挥谷祥增高三尺，四门增砌月城。正统八年，都指挥刘亮督千户韩添增筑四门敌楼。城内外皆甃以石。[1]嘉靖二十四年春，海寇掠中左所。[2]万历三十年，掌印千户黄銮重修所署及城。清康熙二十年，总督李率泰令堕城。二十二年，靖海侯施琅表奏重葺城。二十四年，拓而广之，周六百丈。乾隆十七年，知同安县张元芝重修。[3]

20 世纪 20 年代拆城修路时，中左所城遭严重破坏，现今厦门仅在思明区新华路东残存一段长约 70 米的城墙。残存城墙为西北东南走向，呈斜坡状，高约 2–8 米，顶宽 3.5–6 米。1994 年，重修城址并复建城垛。这段残墙已是清代厦门城的城池遗迹，而非明代中左所城的遗迹了。

[1]（道光）《厦门志》卷二 / 分域略一 / 城寨。

[2]（道光）《厦门志》卷十六 / 旧事志 / 纪兵。

[3]（道光）《厦门志》卷二 / 分域略一 / 城寨。

13. 高浦所城

高浦所城在同安十四都（今厦门市集美区杏林街道高浦村），明洪武二十三年江夏侯周德兴筑。周围四百五十丈，高二丈七尺，基广一丈，窝铺十六，门四，各建楼。永乐十五年，都指挥谷祥增高三尺，筑月城。正统八年，都指挥刘亮、千户赵琉增四门敌台。[1]正统十四年，海贼张秉彝围高浦，邑人叶秉乾力战死之。[2]

现存南门西侧残墙一段，长约50米，高2–3米，厚1.5米，花岗岩条石砌筑。近年重修城门、城楼，已很难看出明代风貌。

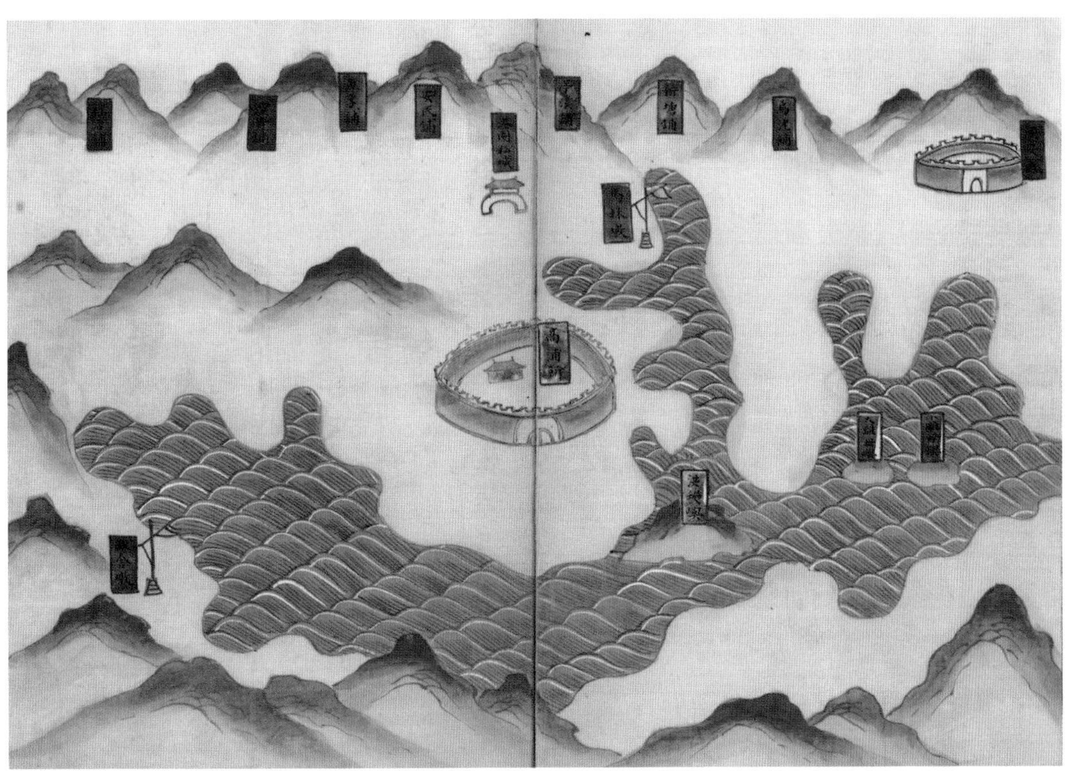

（万历）《泉州府舆地图说》之高浦所

[1]（万历）《泉州府志》卷四 / 规制志上 / 城池 / 卫所城 / 高浦千户所。

[2]（道光）《厦门志》卷十六 / 旧事志 / 纪兵。

14. 镇海卫城

镇海卫城在漳浦县二十三都（今漳州市龙海区隆教乡镇海村），太武之南，鸿江之上。明洪武二十年，江夏侯周德兴筑以备倭。周围八百七十三丈，皆砌以石。城背广一丈三尺，高二丈二尺，为女墙一千六百六十，为窝铺二十，为垛口七百二十。东、西、南、北分四门，后以东门失险，常闭。别开一水门，凡五门，各有楼。城下倾陡，以海为濠。岁久，城倾圮。正统十三年，指挥同知桂福修。弘治间，指挥袁信重修。嘉靖三十四年十一月四日，倭二百余人犯镇海。嘉靖四十年五月，饶寇陷城，焚掠涂炭。隆庆三年，总兵张元勋重加修治。清顺治十八年迁界，奉旨堕城，遂废。康熙二十年，复修为汛防城。五十七年，漳浦知县汪奉宪檄添筑炮台四座。雍正十三年，卫城户籍改隶海澄。乾

镇海卫城遗址航拍图

镇海卫城城门遗址

隆二年，海澄知县严暻重修，五年复修。[1]

镇海卫城现保存城墙约2700米，东、南、西门和水门四城门。其中较完好的是东门、水门、南门。水门保留较完整的防汛排水设施。南门设有瓮城，占地面积约1200平方米，城门用花岗岩条石筑成，城墙以花岗岩和火山岩乱石砌成，残高4-7米不等。

镇海卫城内的文化遗产，既有明代，亦有清代的。南门一带的城墙上保留了明天启二年所建的石构福德祠一座，因此可以确认，镇海卫城虽然在清代屡经修造，但还是保留了部分明代城墙，也就是说，保留了一部分抗倭遗产的原汁原味。

[1]《明实录》/世宗/卷四百二十八　嘉靖三十四年十一月/4日，7396页；（乾隆）《镇海卫志》建置志/城池/镇海卫城；（光绪）《漳州府志》卷五/规制上/城池/废卫所附/镇海卫城。

铜山所城遗址航拍图

15. 铜山所城

铜山所城在漳浦东南尽处五都界内海岛中（今漳州市东山县铜陵镇公园街风动石景区内），三面环海，原为民间牧薮，土名东山。明洪武二十五年，江夏侯周德兴奉命筑沿海城，始为之。垒石以城，周围

五百五十一丈，背广一丈，女墙八百五十五，窝铺十有六，高二丈一尺，开四门，西、南旱路各建城楼，东、北临海二门俱闭塞。[1] 宣德四年，

[1]（乾隆）《镇海卫志》建置志/铜山千户所城。按：（乾隆）《铜山志》卷二/建置志/城池，称“女墙八百六十四”；（光绪）《漳州府志》卷五/规制上/城池/废卫所附/铜山千户所城，称“窝铺十”。

倭贼从古雷巡检司登岸，铜山所因未能策应追剿，被问责。[1]嘉靖十年，漳浦知县郑禧始议开东、北二门，东门增瓮城。二十三年，把总陈言创二门楼。三十六年倭警，众议东、北城圮且卑，具呈于漳南道王时槐，愿自修筑。委诏安县知县龚有成勘修，益卑以高，易土以石，东、北始为崇墉。城环海为濠。[2]三十七年十月,倭攻铜山,为百户邓维忠所败。[3]四十二年，海寇许朝光自铜山登岸，攻诏安畲安堡，杀掳六百余人。[4]万历十二年正月，铜山所官兵因击沉倭船，生擒及斩首倭贼并夺回被掳人员而被优叙奖赏有加。[5]清康熙三年，铜山所城为海寇焚圮。十八年重筑，东、西、南城俱有谯楼，与旧城略有异同。雍正十三年，改隶诏安。后久倾圮。乾隆二十二年，知县秦其熠添建四门城楼，自西门至南门更筑土城。道光九年，知县陈盛韶倡捐浚濠。[6]

现仅存东门，门洞高 3.4 米，宽 2.04 米，深 2.02 米。此东门为明代抗倭城池旧物。

16. 六鳌所城

六鳌所城在漳浦县十五都（今漳州市漳浦县），旧为青山巡检司地，改为所。其城周围五百五十丈，垣面广一丈，高二丈，砌以石。女墙八百六十五，窝铺一十有五。东、西、南、北四门，又辟水门，各有楼。城外以海为濠。清顺治十八年迁界，城遂废。[7]

六鳌城墙现残存 29 处共 431 米，城墙上原均夯筑三合土城垛，现城

[1]《明实录》/ 宣宗 / 卷五十二　宣德四年三月 / 2 日，1241 页。

[2]（乾隆）《镇海卫志》建置志 / 城池 / 铜山千户所城。

[3]（道光）《厦门志》卷十六 / 旧事志 / 纪兵。

[4]（光绪）《漳州府志》卷四十七 / 灾祥 / 寇乱附。

[5]《明实录》/ 神宗 / 卷一百四十五　万历十二年正月 / 11 日，2704 页。

[6]（乾隆）《镇海卫志》建置志 / 城池 / 铜山千户所城；（乾隆）《铜山志》卷二 / 建置志 / 城池；（光绪）《漳州府志》卷五 / 规制上 / 城池 / 废卫所附 / 铜山千户所城。

[7]（乾隆）《镇海卫志》建置志 / 城池 / 六鳌千户所城。

六鳌所城遗址

六鳌所城城门遗址一

六鳌所城城门遗址二

垛基本无存，城墙现存最大残高 5 米。从现状观察，六鳌所城还是基本保留了明代城池的风貌。但同时需要稍作说明的是，虽然六鳌所城是明初周德兴为防倭而修建的城池，但在文献中未见倭寇侵犯六鳌所的记载。

17. 玄钟所城

玄钟所城当南闽尽处，在诏安县四都界内（今漳州市诏安县梅岭镇南门村）。明洪武二十年，江夏侯周德兴奉诏建筑。周围五百五十丈，砌以石垣，面广一丈，高二丈，女墙八百六十，窝铺一十五。东、南、西、北四门上有敌楼，其东、南二门阻海，北门通路，西门塞之。城外环海为濠。[1]正统十四年三月，海贼驾船十八艘泊玄钟千户所，围攻城池，官军射却之。[2]嘉靖四十一年六月，海贼许朝光犯玄钟，所镇抚杨勋劫杀之。十月二十二日，海贼吴朋引倭寇袭陷玄钟所，千户周华与之战，负死之。[3]隆庆六年重修。清顺治十八年迁界，城遂废。[4]

玄钟所城城墙遗址

[1]（乾隆）《镇海卫志》建置志 / 城池 / 玄钟千户所城。

[2]《明实录》/ 英宗 / 卷一百七十六　正统十四年三月 / 13 日，3394 页。

[3]（乾隆）《镇海卫志》兵防志 / 寇乱附。

[4]（乾隆）《镇海卫志》建置志 / 城池 / 玄钟千户所城。

玄钟所城遗址航拍图

玄钟所城城门遗址

现城门尚存东、西、南三门，南城墙保存较好，其他城墙残缺。东门保存较好，建成瓮城式，分内、外两城门。这些城门、城墙保留了明代城池风貌。同时，由于近年对城墙做过修复，虽然在观感上使玄钟所城显得气势更恢宏，但事实上却破坏了明代城池的旧有风貌。

二、巡检司城

明初，江夏侯周德兴构筑沿海备倭防御体系时，首先自然是建置卫所，但同时他又察觉到："临海地疏节阔目，非一卫一所能遥制，更设巡司于瑕隙地，司各有寨城，有官，有射手百，间杂以房帐墩台，斥堠相望，登高望之，若繁星之丽天河矣。"[1]这些星罗棋布于卫所之间的巡检司城，自然也应该归于抗倭遗产之列。

虽然周德兴设想巡检司应该"各有寨城"，但实际上，与较为稳定存在并普遍筑有城池的卫所相比，巡检司在等级上较为低下，地位也相对次要，许多巡检司实际上并未修建城垣。这些未修建过城垣的巡检司，本次调查就没有关注了。

除了明初周德兴修建的巡检司城之外，在整个明代，随着福建寇乱活动的加剧，在内陆和偏远地区又陆续修建了一些巡检司城，如福安的白石巡检司城。虽然通过文献和实地调查未发现该城与倭乱活动有直接关系，但从其所处位置看，本书也酌情将其收入。

从调查情况来看，保存下来的可归入明代抗倭遗产的巡检司城并不多。以下依明代时的行政区划分别介绍。

（一）福宁州辖区

明代福宁州辖区内建造过城池，且现在还留有遗迹的巡检司包括柘洋巡检司、水澳巡检司、芦门巡检司；城池现已完全不存的包括清湾巡检司、大筼筜巡检司、高罗巡检司、延亭巡检司、白石巡检司。

[1]（崇祯）《闽书》卷四十 / 捍圉志，982–983 页。

1. 柘洋城

柘洋城在三十三都（今宁德市柘荣县双城镇），本元末袁天禄所筑。周三里，高一丈五尺，厚五尺。明正统六年，设巡检司于此。[1] 嘉靖三十八年七月二十九日，倭破桃坑寨，杀守寨十一人，直至柘洋攻城。八月初一日，贼上仙屿瞰城中虚实。城中亦架敌楼为蔽，杀贼颇多，贼退。初四日，伐竹为云梯畀城下，城上以鹿角柴掷下，梯不得前。因用竹束大石投之，贼弃梯走。初五日，贼忿，四面云梯而攻。城上矢石如雨，贼死无算。贼酋挥羽扇，复合大战，死伤甚众，乃挥扇止攻，砍云梯而退。十二日，烧各村房舍，拔寨去。柘人尾其后至梨坪，生擒十余贼。[2]

柘洋城城门及城墙遗址

[1]（万历）《福宁州志》卷三 / 建置志 / 城池。

[2]（万历）《福宁州志》卷十六 / 杂事志下 / 时事。

柘洋城俗称“下城”。1955 年后因城建多次被拆除，现仅存东门往北沿溪 173 米和柳东大桥西端沿溪往南 53 米城墙。

2. 水澳城

水澳城（今福鼎市沙埕镇水澳村），明洪武年间，桐山巡检司迁到水澳，置水澳巡检司，由福宁卫军防守。至正德间，巡检司由水澳徙芦门。[1]在巡检司迁走后，水澳城便成为单纯的乡村防御城堡。嘉靖四十三年四月二十一日，参将李超破倭贼于水澳。[2]

现存明代巡检司城由花岗岩石块砌成，平面呈方形，周长 800 米，

水澳城遗址航拍图

[1]（万历）《福宁州志》卷五 / 兵戎志上 / 古巡检司、古寨。

[2]（万历）《福宁州志》卷十六 / 杂事志下 / 时事。

占地面积 30600 平方米，城堡原开四门，今南门已失，仅存东、西、北三个城门。东门方形，高 2 米，宽 1.4 米，深 1.3 米；西门拱形，高 3.9 米，宽 1.6 米，深 1.7 米；北门拱形，为 1993 年重修，高 3.5 米，宽 2.5 米，深 2.7 米。城墙高 2–2.5 米不等，厚 1.4 米。

水澳城西门遗址

3. 芦门城

芦门城在二十四都（今福鼎市管阳镇沈青村），明正德年间徙水澳巡检司于此。嘉靖末，徙桐山。[1] 此后，芦门城便成为单纯的乡村防御城堡。

现存明代芦门巡检司城依山而建，城墙周长 507 米，均为毛石块砌造。西半城处平地，东半城依山峦，南、北分别设侧门，正面西向不设城门。

[1]（万历）《福宁州志》卷三 / 建置志 / 城池。

芦门城遗址

4. 清湾城

清湾城在七都（今宁德市霞浦县三沙镇青官司村）。明洪武二十年，西臼巡检司因原址改筑大金千户所，迁至清湾。江夏侯筑巡检司城。周一百六十丈，高一丈五尺。[1]其后，巡检司又徙牙里，[2]清湾城池渐圮。现仅存少量残破城墙。而牙里堡应该是民众自发修筑的城堡，但现在也完全没有痕迹了。

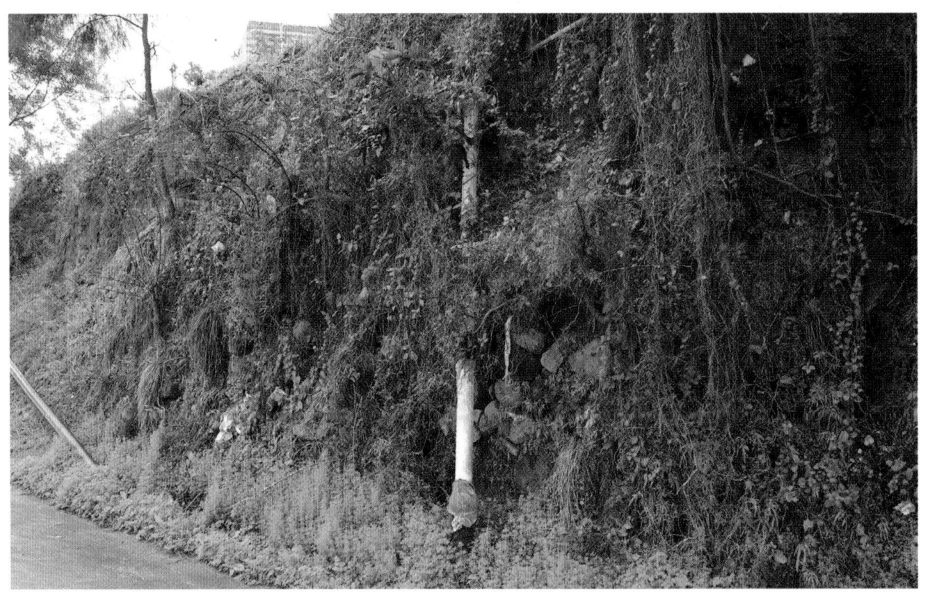

清湾城遗址

5. 大筼筜城

大筼筜城在十一都（今福鼎市店下镇筼筜村）。[3]明洪武二十年，蒋洋巡检司迁至大筼筜，[4]当年，江夏侯筑巡检司城，周一百六十丈，高一

[1]（万历）《福宁州志》卷三 / 建置志 / 城池，卷五 / 兵戎志上 / 古巡检司。

[2]（万历）《福宁州志》卷三 / 建置志 / 城池 / 附按语。

[3]（万历）《福宁州志》卷三 / 建置志 / 城池。

[4]（弘治）《八闽通志》卷十三 / 地理 / 城池 / 福宁州。按：（万历）《福宁州志》卷五 / 兵戎志上 / 古巡检司，作“洪武二年”，依《明实录》中所言周德兴洪武二十年至沿海建卫所及巡检司城，当以“洪武二十年”为正。

丈五尺。[1] 嘉靖年间倭乱后，巡检司迁至秦屿堡。[2]

6. 高罗城

高罗城在四十三都（今宁德市霞浦县长春镇亭下溪村）。明洪武二十年，江夏侯筑巡检司城，周一百六十丈，高一丈五尺。[3] 至嘉靖二十八年，巡抚朱纨视察福宁时，到高罗巡检司，见到"原有旧城，视延亭尤颇完固"。高罗巡检司后来迁往闾峡。[4]

7. 延亭城

延亭城在五十都（今宁德市霞浦县下浒镇延亭村）。明洪武二十年，江夏侯筑巡检司城，周一百六十丈，高一丈五尺。[5] 至嘉靖二十八年，巡抚朱纨视察福宁时，"延亭旧巡司废城，尽为荆蓁所蔓，乃令弓兵砍辟一路，实见基址尚存"。[6] 可见延亭巡检司城在嘉靖年间就已经废弃了，尽管朱纨设想将延亭巡检司迁往东冲前澳，但并未能实现。其后延亭巡检司迁往下浒堡。[7]

8. 白石城

白石城在七都（今福安市上白石镇）。明成化八年，布政司参议陈劝创筑。高一丈二尺，阔一丈，周围二百丈。[8] 弘治十八年，白石巡检司徙

---

[1]（万历）《福宁州志》卷三／建置志／城池。

[2]（万历）《福宁州志》卷三／建置志／城池／乡堡／州。

[3]（万历）《福宁州志》卷三／建置志／城池。

[4]《皇明经世文编》卷二百六，"朱中丞甓余集二，议处海防事添设兵寨"；（万历）《福宁州志》卷三／建置志／城池／乡堡／州。

[5]（万历）《福宁州志》卷三／建置志／城池。

[6]《皇明经世文编》卷二百六，"朱中丞甓余集二，议处海防事添设兵寨"。

[7]（万历）《福宁州志》卷三／建置志／城池／乡堡／州。

[8]（弘治）《八闽通志》卷十三／地理／城池／福安县／白石巡检司城。

至三十四都黄崎镇。[1]

（二）福州府辖区

明代，福州府辖区内沿海设巡检司凡九。闽县则闽安镇、五虎门，长乐县则松下、蕉山、小祉，福清县则壁头、牛头、泽朗，连江县则北茭。[2]这其中，修建过城垣的有连江县的北茭巡检司城、亭角巡检司城，长乐县的石梁蕉山巡检司城、小祉山巡检司城、松下巡检司城。现只有北茭与石梁蕉山留有些许城池痕迹。

1. 北茭城

北茭城在二十六都（今福州市连江县苔菉镇北茭村）。明洪武二十年，

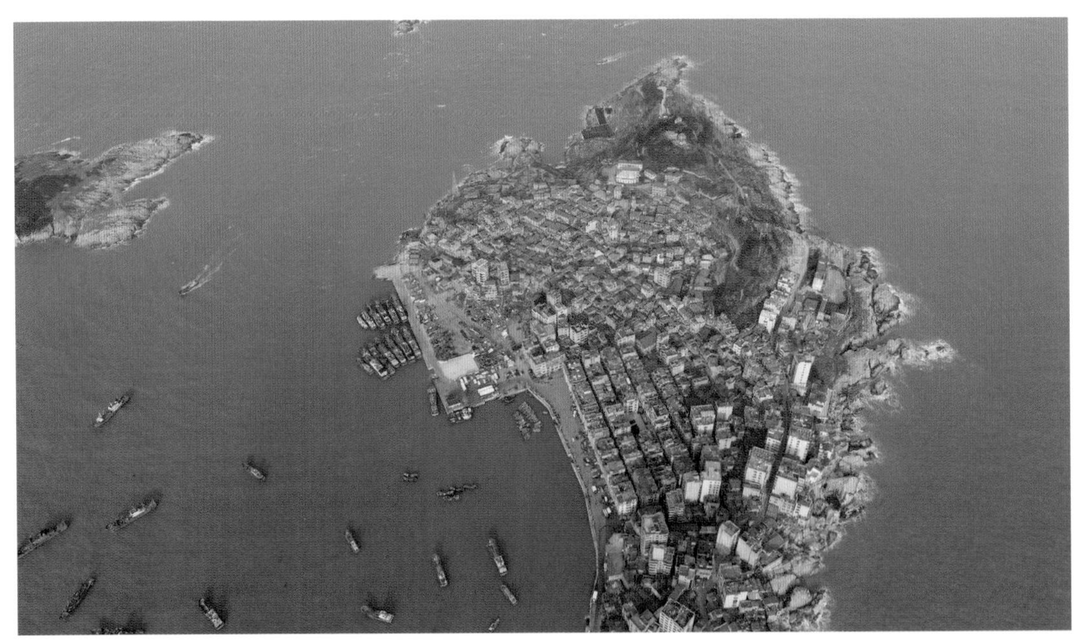

北茭城遗址航拍图

[1]（万历）《福宁州志》卷三 / 建置志 / 城池 / 公署。

[2]（乾隆）《福州府志》卷十三 / 海防。

北茭城城门遗址

移荻芦巡检司于此。江夏侯周德兴檄筑，周一百五十丈。[1]嘉靖二十七年六月，贼许二劫北茭。三十六年十月，倭寇侵扰北茭，而新贼复至。[2]四十年增筑城池，纵横二百八十九丈。[3]四十四年十一月，指挥秦经国邀倭舰于簑衣渡，沉其三，追至北茭，复斩首六十余级。[4]清代裁撤。[5]现仅存残墙。

2. 亭角城

亭角城即蛤沙堡（今福州市连江县筱埕镇蛤沙村）。明洪武二十年，

[1]（民国）《连江县志》卷六 / 城市 / 堡。

[2]（乾隆）《福州府志》卷十三 / 海防 / 倭寇福州始末（附）。

[3]（民国）《连江县志》卷六 / 城市 / 堡。

[4]（民国）《连江县志》卷三 / 大事记 / 明。

[5]（民国）《连江县志》卷六 / 城市 / 堡。

江夏侯周德兴檄建，周一百五十丈，移亭角巡检司于此。正统十三年，司废，堡亦圮。[1]

3. 石梁蕉山城

石梁蕉山城在十五都（今福州市长乐区漳港镇仙岐村）。离县治三十五里，依山濒海，东有磁澳，为倭寇出没之冲。明洪武六年，设防倭巡检寨司。嘉靖三十八年，生员郑暹、郑时华等呈请拓寨为城，工久弗就，旋圮。隆庆三年，知县蒋以忠捐俸，倡民输助，仅乃底绩。城周三百六十丈，高一丈余，广八尺。门南曰阜财，北曰镇安，东曰朝阳，西曰戴恩。历久未修，清乾隆二十四年，知县贺世骏领帑重修。[2]

笔者本次调查走访确认，该城现被称作“仙岐古城”，城墙已损毁殆尽，东、北门皆在清代为沙所没，南门于“文革”期间被拆除，至今仅

石梁蕉山城西门遗址

[1]（民国）《连江县志》卷六 / 城市 / 堡。

[2]（民国）《长乐县志》卷六 / 城市志 / 防海各城。按：（乾隆）《福州府志》卷十二 / 官政志四 / 公署 / 梅花守御千户所，称“梅花守御千户所，初为巡检司。江夏侯周德兴奏移巡司于蕉山，而建所于此”。据此，则石梁蕉山巡检司是洪武二十年时由梅花迁移过来的。录此备考。

存西城门，石构，呈“凸”字形，高 3.25 米，宽 13 米，门洞高 2.5 米，宽 2.7 米，城墙厚 4.8 米，门上方嵌石匾刻“戴恩”，落款“嘉靖壬寅年知县戴时望立”，保存较好。

4. 小祉城

小祉城旧为小祉寨，在二十都（今福州市长乐区松下镇首祉村）。明洪武六年，设防倭巡检寨司。嘉靖三十二年四月，海贼劫小祉。三十九年六月初八日，倭贼劫小祉，夜半复袭，杀数人，掳数十人入海。四十一年始建城。崇祯六年，知县郑尚友移厅廨于大祉澳，嗣废。[1]

5. 松下城

松下城在二十都（今福州市长乐区松下镇松下村）。明洪武六年，设防倭巡检寨司。嘉靖三十六年三、四月，松下南贼水陆沓至，居民奔窜。[2]三十七年五月，倭三千余旋自松下突入海口澳登陆。三十八年三月二十六日，倭贼由松下抵福清县东门上洋，挥扇横行。四月十七日，倭贼四百余由松下抵东门，被铳击走三次，俱南遁，焚杀掳掠，极其惨酷。[3]三十九年，生员陈志玉、耆民吴齐礼等呈请拓寨为城。周三百一十六丈，高丈二尺，广八尺。东、西、南、北辟门四，水关一，基定中辍。崇祯四年七月初二日，海寇复登松下杀人放火。九年，刘香大伙贼船登松下澳，杀人放火，居民逃窜，三日绝烟。[4]同年，巡抚沈犹龙从董司空应举议此地为省南口铁障，扩城。上包山，下塞海，共四百八十丈，费一千八百金。曹观察学佺力佐之，其议乃定。知县夏允彝捐助三百金，诸生郑际明董其事，林逢经佐筹划焉。清乾隆元年，知县殷凤梧领帑重

[1]（民国）《长乐县志》卷三 / 大事志，卷六 / 城市志 / 防海各城；（万历）《福州府志》卷五 / 舆地志五 / 城池 / 小祉巡检司城。

[2]（民国）《长乐县志》卷三 / 大事志。

[3]（乾隆）《福州府志》卷十三 / 海防 / 倭寇福州始末（附）。

[4]（民国）《长乐县志》卷三 / 大事志。

修。二十四年，知县贺世骏领帑重修。[1]

（三）兴化府辖区

明代兴化府辖区内的防倭相关的巡检司情况，在乾隆版《莆田县志》中如是说：洪武初，念海滨居民数苦倭患，既于沿海创建卫所以为防御，复相度地里远近，北自迎仙，南抵小屿，建置六寨。[2]这六个巡检司寨，分别是迎仙寨、吉了寨、冲沁寨、嵌领寨、青山寨、小屿寨。但城址都已破坏殆尽，仅吉了寨留有一段城墙，迎仙寨还留有一块门匾。以下分别加以介绍。

1. 迎仙寨城

迎仙寨城在县东北待贤里（今莆田市江口镇锦江中学内），明洪武二十年周德兴命吕谦修建。周围一百五十丈，广一丈一尺，垛三百有八，窝铺八，门二，各建楼其上。[3]崇祯二年，曾经重修。[4]清康熙元年因旧

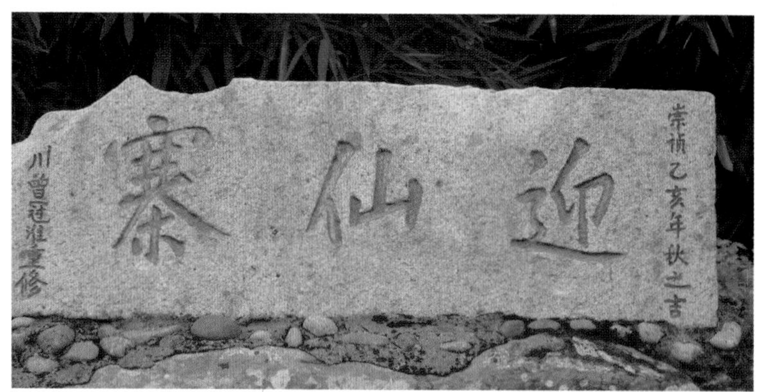

迎仙寨门匾

[1]（民国）《长乐县志》卷六 / 城市志。

[2]（乾隆）《莆田县志》卷十一 / 戎备志 / 寨墩台塘。

[3]（乾隆）《莆田县志》卷三 / 建置志 / 城池。

[4] 据现存崇祯二年的寨门石匾。

址重建巡检司。[1]

现巡检司城已消失，但存有一块崇祯二年重修迎仙寨时的门匾，上书“崇祯乙亥年秋之吉迎仙寨□川曾冠淮重修”。

2. 吉了寨城

吉了寨城在县东南新安里（今莆田市秀屿区东埔镇吉城村），明洪武二十年，周德兴命吕谦修建。周围一百五十丈，广一丈一尺，垛三百有八，窝铺八，门二，各建楼其上。[2]至清代，寨圮城废，巡检司裁归凌厝司。[3]

吉了寨城墙遗址

[1]（乾隆）《莆田县志》卷十一／戎备志／寨墩台塘。

[2]（乾隆）《莆田县志》卷三／建置志／城池。

[3]（乾隆）《莆田县志》卷三／建置志／公署。

吉了寨城现残存寨墙一段，长 116 米，高 3.3 米，厚 2.9 米。

3. 冲沁寨城

冲沁寨城在县东兴福里（今莆田市荔城区北高镇冲沁村），明洪武二十年，周德兴命吕谦修建。周围一百五十丈，广一丈一尺，垛三百有八，窝铺八，门二，各建楼其上。[1]清代革巡检司，寨圮城废。[2]

4. 嵌领寨城

嵌领寨城在县东武盛里（今莆田市秀屿区平海镇嵌头村），明洪武二十年，周德兴命吕谦修建。周围一百五十丈，广一丈一尺，垛三百有八，窝铺八，门二，各建楼其上。[3]清代巡检司改至涵江，寨圮城废。[4]

5. 青山寨城

青山寨城在县东奉国里（今莆田市秀屿区埭头镇），明洪武二十年，周德兴命吕谦修建。周围一百五十丈，广一丈一尺，垛三百有八，窝铺八，门二，各建楼其上。[5]至清代，寨圮城废，巡检司裁归凌厝司。[6]

6. 小屿寨城

小屿寨城在县东南醴泉里（今莆田市秀屿区莆头村）。明洪武间，有小屿巡检司城，与迎仙诸寨并建。嘉靖十三年，仙游县知县萧宏鲁奏徙司于仙游白隔岭，城随圮。三十八年，倭寇起，民倾出资筑堡自卫。监司下其议，知府陈瑞龙改筑旧寨城，周回九百丈。万历三年，知府吕一

[1]（乾隆）《莆田县志》卷三／建置志／城池。

[2]（乾隆）《莆田县志》卷三／建置志／公署。

[3]（乾隆）《莆田县志》卷三／建置志／城池。

[4]（乾隆）《莆田县志》卷三／建置志／公署。

[5]（乾隆）《莆田县志》卷三／建置志／城池。

[6]（乾隆）《莆田县志》卷三／建置志／公署。

静复据地方呈称北边地势外高，难以守御，于是命检校王价修，辟广三十丈。今废。[1]

（四）泉州府辖区

明代泉州府辖区内修筑有城池的防倭巡检司城数量众多。现今的厦门地区，在明代也属于泉州府管辖范围，因此也归入本节加以介绍。此外，还要说明的是，由于金门县的实际情况，笔者本次未能实地对该地区数处明代巡检司城开展调查。

1. 小岞城

小岞城在惠安三十都（今泉州市惠安县小岞镇东山村）。明洪武二十年，巡检司由小兜徙小岞，江夏侯周德兴造为巡检司城。周围一百五十

（万历）《泉州府舆地图说》之小岞城

[1]（乾隆）《莆田县志》卷三／建置志／城池。

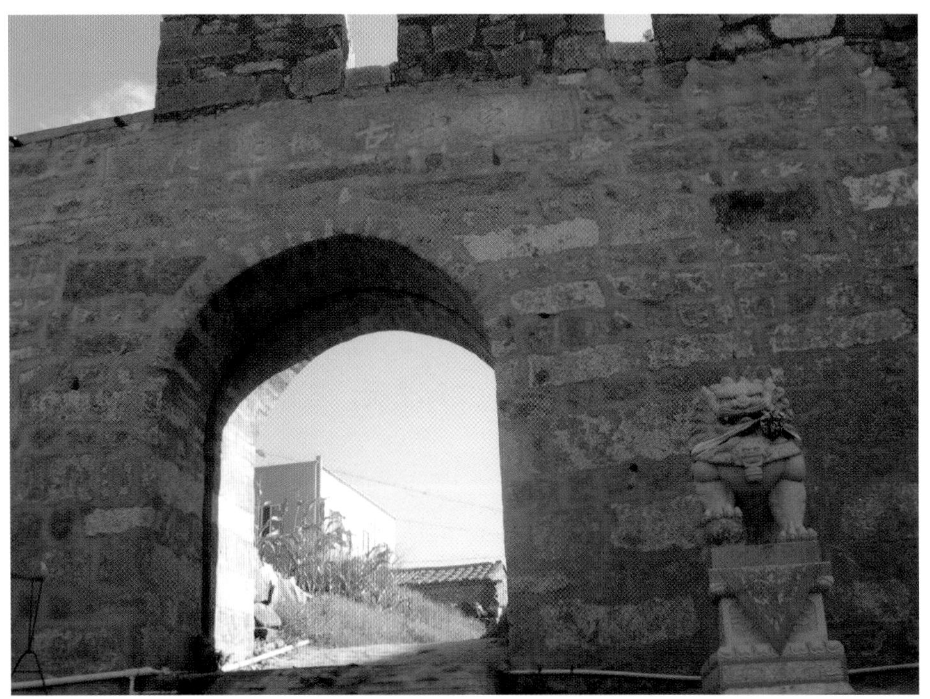

小岞城遗址

丈，广一丈一尺，高二丈，窝铺八，有南、北二门，各建楼。[1]

小岞城现被称为“东山卫城”，现仅存北城拱门及两侧残墙数十米。拱门高 4.5 米，宽 2.4 米，深 1.85 米； 残城墙高 4.2 米，厚 1.85 米。1988 年当地政府对古城进行了修葺，基本没有明代巡检司城的风貌了。

2. 黄崎城

黄崎城在惠安三十二都黄崎村（今泉州市惠安县净峰镇东莲村北）。明洪武二十年，由德化清泰里迁徙至黄崎。周围一百五十丈，广一丈，高二丈，窝铺八，南、北有二门，各建楼。[2]

---

[1]（万历）《泉州府志》卷四 / 规制志上 / 城池 / 巡检司城、杂署；（乾隆）《泉州府志》卷十一 / 城池。按：（万历）《泉州府志》卷四 / 巡检司城，称在“二十都”，当误，应为“三十都”。

[2]（万历）《泉州府志》卷四 / 规制志上 / 城池 / 巡检司城、杂署。

黄崎城现被称为“莲城卫城”。新中国成立后，因为战备等原因，古城被严重破坏。现存旧城址周长 520 米，占地面积 1700 平方米。仅存南城门一处，城楼已毁，城上垛子亦倒塌不存。城墙除东南、东北部保存较好以外，余者塌落殆尽仅留城基。城墙残高 5.1 米，宽 2.95 米。2001 年、2006 年修复南城以西的倒塌卫城 90 多米，2005 年建东、西围墙约 10 米。只能说，还能勉强看出一点明代巡检司城的风采。

黄崎城城门遗址

（万历）《泉州府舆地图说》之黄崎城

3. 獭窟城

獭窟城在惠安二十五都獭窟屿（今泉州市惠安台商投资区张坂镇浮山村）。明洪武二十年，巡检司由南安县芦溪迁至獭窟，江夏侯周德兴造城。周围一百五十丈，广一丈二尺，高二丈，窝铺八，有南、北二门，各建楼。[1]嘉靖间寇氛大炽，屡犯獭江，义士陈德友及子仕湖击却之。未几，寇复至，仕湖力战死，有司以闻，明世宗命立祠岁祀。清顺治十八年奉旨迁界，獭江居人尽散四方，流离失所者不可胜计。康熙二十二年台湾既平，廷议展界，人稍稍复归故土，披荆斩棘，重立室家。[2]现已无迹可觅。

（万历）《泉州府舆地图说》之獭窟城

[1]（万历）《泉州府志》卷四 / 规制志上 / 城池 / 巡检司城、杂署。

[2]（光绪）《獭江所知录》。

（万历）《泉州府舆地图说》之峰尾城

4. 峰尾城

峰尾城在惠安八都（今泉州市泉港区峰尾镇），明洪武二十年，巡检司由沙格迁至峰尾。江夏侯周德兴修造。周围一百五十丈，广一丈，高一丈八尺，窝铺六，有西、北二门。嘉靖四十四年至隆庆六年间，移建城池，广厚视昔，女墙五百，楼橹四。[1]其后，城池渐渐废弃。抗日战争爆发后，峰尾多次遭受日本飞机的轰炸，1937年秋，当地驻军拆峰尾城垣之石以筑炮台。城池毁弃殆尽，只剩下4个城门。随后，峰尾民众又挖城基以筑校舍，新旧峰尾城遂均荡然无存。

[1]（万历）《泉州府志》卷四／规制志上／城池／巡检司城、杂署；《惠安政书》卷二／地里考，24页。

5. 祥芝城

祥芝城在晋江二十一都祥芝村（今石狮市祥芝镇祥芝村）。由石湖巡检司迁来。明洪武二十年，江夏侯周德兴造为司城。周围一百五十丈，高二丈，窝铺六，有南、北二门。清康熙五十六年修。[1]清代祥芝巡检司改驻鹧鸪为鹧鸪司。[2]现已完全消失。

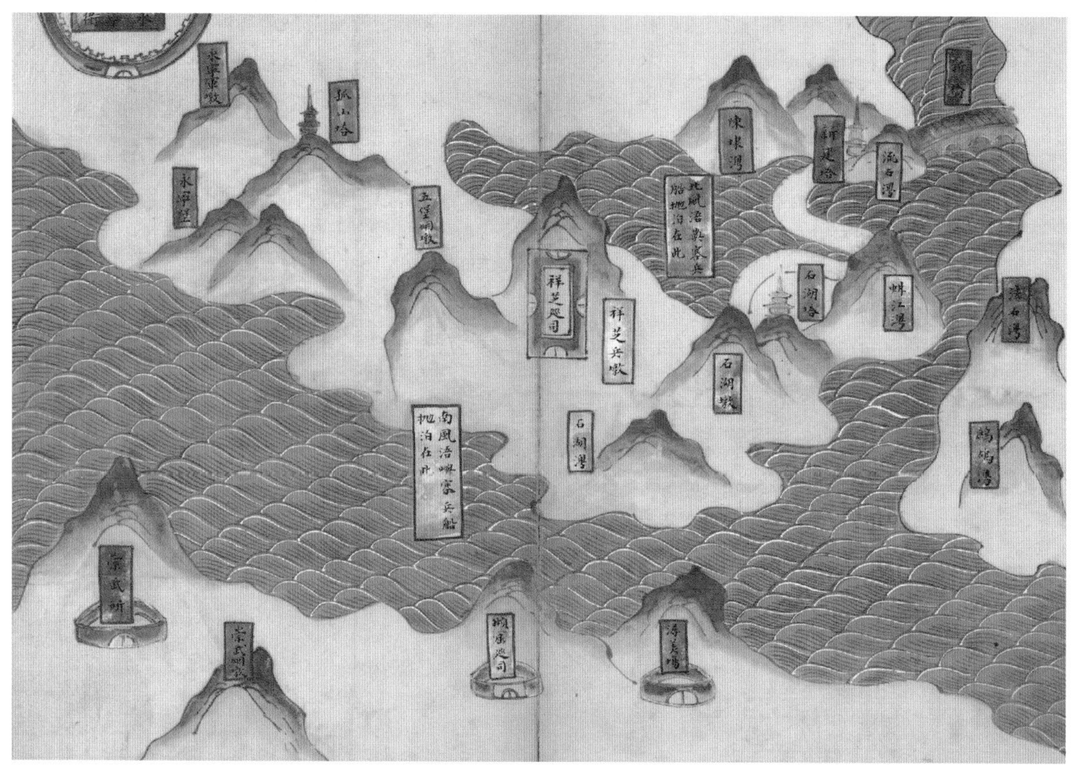

（万历）《泉州府舆地图说》之祥芝城

6. 乌浔城

乌浔城在晋江十六都（今晋江市深沪镇科任村）。由安溪县大西坑徙置于乌浔。江夏侯周德兴造为司城。周围一百五十丈，广一丈，高一丈

［1］（万历）《泉州府志》卷四 / 规制志上 / 城池 / 巡检司城、杂署；（乾隆）《泉州府志》卷十一 / 城池 / 祥芝城。

［2］（乾隆）《晋江县志》卷二 / 规制志 / 公署。

(万历)《泉州府舆地图说》之乌浔城

八尺，窝铺四，有东、西二门，各建楼。[1]嘉靖末年，倭破司城。[2]城垣剥坏，晋江知县卢仲佃修缮一新。[3]清顺治十八年，因战乱毁。康熙五十六年修，改驻浦边，为浦边巡检司。[4]现已无存。

7. 深沪城

深沪城在晋江十六都深沪村(今晋江市深沪镇)。巡检司旧在二十七都，徙置于此。明洪武年间，江夏侯周德兴造为司城。周围一百五十丈，广一丈，高三丈，窝铺七，有南、北二门，各建楼。嘉靖末年，城垣剥

[1] (万历)《泉州府志》卷四/规制志上/城池/巡检司城、杂署;(乾隆)《泉州府志》卷十一/城池/乌浔城。

[2] (万历)《泉州府舆地图说·乌浔巡司图说》。

[3] (万历)《泉州府志》卷十/官守志下/古今宦绩/卢仲佃。

[4] (乾隆)《晋江县志》卷二/规制志/城池/附镇城卫所司城/乌浔城、公署。

坏，晋江知县卢仲佃修缮一新。[1]清顺治十八年因战乱毁。康熙五十六年修。后改驻洛阳为洛阳司。[2]

据称，到抗日战争时，深沪城还留有完整的南门门洞及其附近的几十丈土城墙，但如今，司城城墙已荡然无存。

（万历）《泉州府舆地图说》之深沪城

8. 围头城

围头城在十四都（今晋江市南围头），明永乐年间由永春陈岩司移驻

[1]（万历）《泉州府志》卷十 / 官守志下 / 古今宦绩 / 卢仲佃。

[2]（万历）《泉州府志》卷四 / 规制志上 / 城池 / 巡检司城、杂署；（乾隆）《泉州府志》卷十一 / 城池 / 深沪城；（乾隆）《晋江县志》卷二 / 规制志 / 公署。按：泉州海外交通史博物馆藏有一枚“深沪巡检司”官印，上面刻有“洪武拾柒年”的字样，林德民《明深沪巡检司始置年代正误》对此有辨析，认为深沪巡检司始置年代并非洪武二十年。笔者对此结论无异议。不过，这并不能否认深沪巡检司城是洪武二十年周德兴建造的。

（万历）《泉州府舆地图说》之围头城

于此。周围一百六十丈，广二丈，高一丈八尺，窝铺四，有南、北二门，各建楼。清康熙五十六年修。后裁巡检司。[1]现已无存。

9. 高浦城

高浦城在同安二十二都（今厦门市思明区滨海街道曾厝垵社区白石炮台遗址一带）。旧在县西积仓坂尾，移此。周围一百四十丈，广七尺，高一丈八尺，窝铺四，有南、北二门。明万历九年革高浦巡检司，改设白礁。[2]

[1]（万历）《泉州府志》卷四 / 规制志上 / 城池 / 巡检司城、杂署；（乾隆）《晋江县志》卷二 / 规制志 / 城池 / 附镇城卫所司城 / 围头城、公署。按：（乾隆）《晋江县志》称洪武年间以永春陈岩司移驻，且称司城为周德兴所建，或误。本书采（万历）府志所记。

[2]（万历）《泉州府志》卷四 / 规制志上 / 城池 / 巡检司城、杂署。

（万历）《泉州府舆地图说》之高浦城

10. 塔头城

塔头城在同安二十二都塔头村（今厦门市思明区滨海街道曾厝垵社区营内山）。旧在石湖，徙至塔头。周围一百四十丈，广八尺，高一丈七尺，窝铺四，有南、北二门。后议革。[1] 现已无存。

11. 官澳城

官澳城在同安十七都浯洲屿（今泉州市金门县金沙镇官澳村，由台湾当局实际控制）。旧在德化东西团，徙此。江夏侯周德兴造为司城。周围一百六十丈，广六尺五寸，高一丈七尺，窝铺四，有南、北二门。[2] 曾

[1]（万历）《泉州府志》卷四 / 规制志上 / 城池 / 巡检司城、杂署。

[2]（万历）《泉州府志》卷四 / 规制志上 / 城池 / 巡检司城、杂署；（乾隆）《泉州府志》卷十一 / 城池 / 官澳城。

（万历）《泉州府舆地图说》之官澳城

为倭所困，被杀死者千余人。[1] 现已无存。

12. 田浦城

田浦城在同安十八都浯洲屿（今泉州市金门县金沙镇大洋里田浦村，由台湾当局实际控制）。旧在安溪源口渡，徙此。江夏侯周德兴造为司城。周围一百六十丈，广一丈二尺，高一丈八尺，窝铺四，有东、西二门。万历时议革。[2]

田浦城于清康熙二年被清军攻陷后实施海禁迁界时遭到毁坏，但其遗迹尚存。20 世纪，台湾当局在城迹上重筑城垣，并建有碉堡等设施。

[1]《泉州府舆地图说·官澳巡检司》。

[2]（万历）《泉州府志》卷四 / 规制志上 / 城池 / 巡检司城、杂署；（乾隆）《泉州府志》卷十一 / 城池 / 田浦城。按：（乾隆）《泉州府志》称“基广一丈”。

（万历）《泉州府舆地图说》之田浦城

2009 年，金门县推动“田浦古城景观改善暨军事遗迹保存工程”，除了整修原有设施外，还增筑了东、西城门，但城门的设计并未经过历史考据。

13. 陈坑城

陈坑城在同安十八都浯洲屿（今泉州市金门县金湖镇陈坑村，由台湾当局实际控制）。巡检司旧在晋江石井镇，徙此。江夏侯周德兴造为司城。周围一百八十丈，基广一丈一尺，高一丈七尺，窝铺四，门一。后议革。[1] 现已无法确认城址位置。

[1]（万历）《泉州府志》卷四 / 规制志上 / 城池 / 巡检司城、杂署；（乾隆）《泉州府志》卷十一 / 城池 / 陈坑城。

（万历）《泉州府舆地图说》之陈坑城

14. 峰上城

峰上城在同安十八都浯洲屿（今泉州市金门县金湖镇峰上村，由台湾当局实际控制）。巡检司旧在南安莲河，徙此。江夏侯周德兴造为司城。周围一百九十三丈，广一丈，高一丈八尺，窝铺四，门一。[1]

现金门县在遗址上重建了城楼与城门，已完全没有了明代巡检司城的痕迹。

15. 烈屿城

烈屿城在同安二十都翔风里（今泉州市金门县烈屿乡，由台湾当

[1]（万历）《泉州府志》卷四 / 规制志上 / 城池 / 巡检司城、杂署；（乾隆）《泉州府志》卷十一 / 城池 / 峰上城。

（万历）《泉州府舆地图说》之峰上城

（万历）《泉州府舆地图说》之烈屿城

局实际控制）。巡检司旧在澳头，徙此。江夏侯周德兴造为司城。周围一百八十丈，基广一丈一尺，高一丈七尺，窝铺四，门一。[1]现已不存。

[1]（万历）《泉州府志》卷四 / 规制志上 / 城池 / 巡检司城、杂署；（乾隆）《泉州府志》卷十一 / 城池 / 烈屿城。

（五）漳州府辖区

明代，漳州府辖区内设立的巡检司有数十个，本书只记录建造有城垣的几座巡检司城。

1. 濠门城

濠门城在原龙溪县东一、二、三都濠门山，后行政区划变更，改属海澄县（今厦门市海沧嵩屿街道贞庵村寨前社东部寨仔山上）。明洪武初，设于本都海仓洋，二十年，徙置于此。江夏侯周德兴创建。周围一百五十丈六尺，北辟一门，上建楼。[1]现已完全消失。

2. 井尾城

井尾城在二十三都海屿中，在井尾社（今漳州市漳浦县佛昙镇整美村井尾自然村）。明洪武二十年，江夏侯周德兴建置巡检司，筑城。[2]周围一百一十五丈，阔九尺，高一丈五尺，东、西、南辟三门。清顺治十八年迁界废巡检司，年久城垣为飞沙所压。

该城址所在地点明确，但现因被飞沙所压，地表已看不到古城的痕迹。

3. 岛尾城

岛尾城在漳浦县东北二十三都岛尾社（今漳州市龙海区港尾镇岛美

---

[1]（弘治）《八闽通志》卷四十二／公署／漳州府／濠门巡检司；（嘉靖）《龙溪县志》卷二／公署附杂建／城池／濠门巡检司城／清朝裁废巡检司；（乾隆）《海澄县志》卷二／规制志／官署。

[2]（弘治）《八闽通志》卷十三／地理／城池／漳州府／漳浦县；（乾隆）《镇海卫志》建置志／井尾巡检司城、官志。按：《镇海卫志》称城为“洪武二十一年”建，本书依《八闽通志》说。

村）。明洪武二十年江夏侯周德兴创筑司城。周围一百一十五丈，阔九尺，高一丈五尺，东、西辟二门。[1]清代裁废巡检司。[2]现已无存。

4. 青山城

青山城在漳浦县东十五都浦头社（今漳州市漳浦县赤湖镇将军澳）。明洪武初，巡检司原设在陆鳌，因陆鳌建千户所，迁至浦头。洪武二十年，江夏侯周德兴创筑司城。周围一百一十五丈，阔九尺，高一丈五尺，东、西、南辟三门。嘉靖间迁月屿堡。[3]今将军澳尚有司城残迹。

5. 后葛城

后葛城在漳浦县东南九都大洋社（今漳州市漳浦县杜浔镇近城村）。明洪武二十年，江夏侯周德兴创筑司城。周围一百一十五丈，阔九尺，高一丈五尺，东、西、南辟三门。[4]为土堡。清康熙六年裁巡检司。[5]今司城残迹尚存。

6. 古雷城

古雷城在漳浦县南九都（今漳州市漳浦县古雷镇古城村）。明洪武二十年，江夏侯周德兴创筑。旧属南靖县，正统六年改隶漳浦县。[6]万历二十五年，海贼无齿老寇古雷，把总张万纪擒歼之。清康熙三年，裁巡

[1]（弘治）《八闽通志》卷十三 / 地理 / 城池 / 漳州府 / 漳浦县。

[2]（乾隆）《海澄县志》卷二 / 规制志 / 官署 / 岛尾巡检司署。

[3]（弘治）《八闽通志》卷十三 / 地理 / 城池 / 漳州府 / 漳浦县；（康熙）《漳浦县志》卷五 / 建置志 / 城池 / 青山司城。按：（康熙）《漳浦县志》作“莆头”，本书依《八闽通志》作“浦头”。

[4]（弘治）《八闽通志》卷十三 / 地理 / 城池 / 漳州府 / 漳浦县。

[5]（康熙）《漳浦县志》卷十一 / 兵防志 / 巡司弓兵。

[6]（弘治）《八闽通志》卷十三 / 地理 / 城池 / 漳州府 / 漳浦县。按：（康熙）《漳浦县志》作“正统七年”。

古雷城城门遗址

检司，城废。[1]

现保存有部分明代城池遗迹。城墙以花岗岩石垒砌，中部填土，厚约 1.5 米，平面作长方形，面阔 10 米，深 150 米，依山势北高南低，高低差约 2 米。南面建主城门，城门石构券顶，宽 1.7 米，深 6.5 米，北侧保存较好，南侧部分损毁较严重。城门上原建有城楼，今废。城门内立有两座石碑，分别为万历八年的“古雷社永记公业碑”，万历二十五年的“府县严禁示碑”。此外，

古雷城城门砌石刻字

[1]（康熙）《漳浦县志》卷五 / 建置志 / 城池 / 古雷司城，卷十一 / 兵防志 / 巡司弓兵、萑苻。

城门砌石中尚砌入两通，现仅见碑侧。又于城门砌石上有工匠的刻字“仕城林远数人砌石门力工完正德十年四月”。

7. 金石城

金石城在漳浦县五都山东社（今漳州市东山县西埔镇金石村）。元代设巡检司于龙岩县聚宝里，明洪武二十年徙五都山东社。洪武二十年，江夏侯周德兴创筑司城。城系土围，周围一百一十五丈，阔九尺，高一丈五尺，东、西、南辟三门。嘉靖二十七年，知府卢璧修。隆庆六年，知府罗青霄重修。至清代城毁。[1]现存城基等残迹。

8. 洪淡城

洪淡城在百浦（今漳州市东山县陈城镇岐下村）。明洪武二十年，江夏侯周德兴置。周围一百一十丈，阔八尺，高一丈五尺，东、西辟二门，系土围。岁久圮废。[2]今已无存。

9. 东沈赤山城

东沈赤山城在漳浦县南五都上西社（今漳州市东山县康美镇东沈村）。明洪武二十年，江夏侯周德兴创筑。周围一百一十五丈，阔九尺，高一丈五尺，东、西、南辟三门。[3]正统十五年，巡检司移至分水关，设漳潮巡检司。[4]今已无存。

---

[1]（弘治）《八闽通志》卷十三 / 地理 / 城池 / 漳州府 / 漳浦县；（康熙）《诏安县志》卷四 / 公署 / 金石巡检司；（光绪）《漳州府志》卷二十二 / 兵纪上 / 城堡关隘 / 诏安县。

[2]（弘治）《八闽通志》卷十三 / 地理 / 城池 / 漳州府 / 漳浦县；（康熙）《诏安县志》卷七 / 武备志 / 旧志巡司弓兵；（光绪）《漳州府志》卷二十二 / 兵纪上 / 城堡关隘 / 诏安县。

[3]（弘治）《八闽通志》卷十三 / 地理 / 城池 / 漳州府 / 漳浦县 / 正统十五年巡检司移至分水关，设漳潮巡检司。

[4]（光绪）《漳州府志》卷十三 / 秩官志五 / 诏安县 / 漳潮巡检司。

三、烽燧

在明代江夏侯周德兴构建的以卫所为中心的备倭防御体系中，烽燧也是重要一环。但是，由于年代久远，当年的众多烽燧，现在不少都已消失或因为道路中断而无法实地勘察。而且，还有一个棘手的问题是，很难分辨现存烽燧是明代烽燧，还是清代烽燧。以下按照明代沿海五卫（含千户所）管辖区域分别加以介绍。

（一）福宁卫辖区

明代福宁卫及下属大金所、定海所管辖的烽燧，按（万历）《福宁州志》所载，包括以下三十九处：

一都：州中军瞭高台，松山烟墩、台屿。

这其中州中军瞭高台，位于龙首山东处，仄□斗峻，难于登跡，东海皆在目中。嘉靖四十三年，守备王如龙创为之。

三都：后崎、赖离。

五都：州离智、烽火峰、东壁、大青浩、小青浩。

七都：梅花。

八都：南金、金家山、三石、大峰。

十一都：黄崎、白岩。

十三都：南岭、白露、水澳。

十五都：沙埕。

四十都：古县。

以上二十二墩，并洪武二十年置，福宁卫拨军哨守。

四十三都：长门烟墩、北山岭、积石、闾峡、赤崎、南山、小南、罗浮。

五十二都：下浒、塔尾、青山、界石。

五十三都：石湖、下篁、车安、刘全、关崎。

以上十七墩，并洪武二十年置，大金所、定海所拨军哨守。[1]

本次调查发现的烽燧遗址如下。

1. 南阳烽燧遗址

南阳烽燧遗址位于福鼎市山前街道南阳村烟墩山山顶上。花岗岩石块砌成，正方形，边长 8.9 米，占地面积 82.77 平方米。顶部稍窄，边长

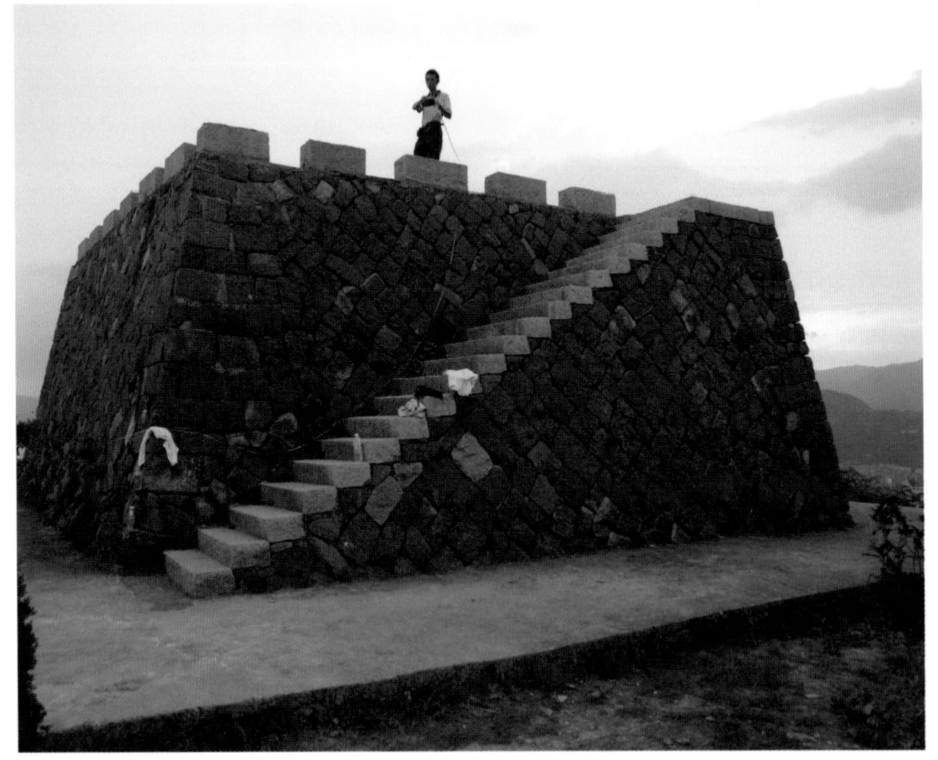

南阳烽燧遗址

[1]（万历）《福宁州志》卷五 / 兵戎志上 / 烽燧。

7.6 米。1989 年公布为福鼎市第一批文物保护单位。南阳烽燧因年久失修，加上长期风吹雨淋，烟墩有部分破损和残缺。当地文物工作者认定为抗倭烽燧，但文献与实地调查均无法确认。

2. 点头烽燧遗址

点头烽燧遗址位于福鼎市点头镇观洋村岐尾长坪自然村东 150 米河边寨山顶。坐东向西，花岗岩石构，呈方柱形，长 8.2 米，宽 7.8 米，高 3.5 米，占地面积 64 平方米。烟墩底部仅有一小石梯可到烟墩顶部。1989 年公布为福鼎市第一批文物保护单位，但目前尚未能在文献上或实物证据上确认其为明代烽燧。

点头烽燧遗址

3. 李家尖烽燧遗址

李家尖烽燧遗址位于福鼎市贯岭镇西山村东300米李家山尖的山顶处。烟墩为花岗岩石构，纵剖面呈梯形，地面底座为正方形，边长10米，烟墩顶部为长方形，南北向长为6.5米，东西向宽为5米。烟墩上原有屋现已毁，面上采集有瓦片。距烟墩底部5米处有三个并排的小墩。无法确认为明代烽燧。

李家尖烽燧遗址

4. 金山寨烽燧遗址

金山寨烽燧遗址位于宁德市霞浦县松港街道东关村龙首山北面顶峰老虎岗。建于明代，坐北向南，占地面积458平方米，建筑面积80平方米。该烽燧呈长方形，东西基座边长15.5米，南北基座边长14.6米，高3米，四周走墙最宽2米，由乱毛石垒砌而成。烽燧南面竖立一旗杆石。2003年被列入县级文物保护单位，是目前霞浦境内最完整的烽燧之一。该烽燧对研究霞浦明代军事设施有着重要意义。此烽燧可确认为即（万历）《福宁州志》中所说的州中军瞭高台。

金山寨烽燧遗址

5. 蜘蛛网烽燧遗址

蜘蛛网烽燧遗址位于宁德市霞浦县长春镇蜘蛛网村，离村 2 公里的东北向大山顶上。据当地文物资料称建于明代，但未有确证。占地面积 69 平方米，建筑面积 32 平方米，长 5.1 米，宽 6 米，高 3.2 米，呈长方形，乱毛石砌成，烽燧基础完整。站在台上眺望四周，东临积石，南接大海，西纳大京，是霞浦沿海相对接近海岸的烽燧之一。

蜘蛛网烽燧遗址

6. 透堡家口山烽燧遗址

透堡家口山烽燧遗址位于福州市连江县透堡镇陇柄村，家口山烽燧位于前沿通道制高点，是重要军事设施。台为方形，四周用花岗岩石砌造，建筑面积 36 平方米，高 4.6 米，空心，中间用以装木柴燃烧报警。结构完整，居诸烽燧之冠。传为明嘉靖四十二年戚继光破倭寇于马鼻，沿途建造的多座烽燧之一，但无法确证。

透堡家口山烽燧遗址

7. **龙头烽燧遗址**

龙头烽燧遗址位于福州市连江县透堡镇龙头村南大坪山。烽燧为不规则方形，基座宽约 6 米，残高 5.6 米，花岗岩石砌筑，占地面积 36 平方米。传为嘉靖四十二年戚继光为破倭所筑，但无法确证。

龙头烽燧遗址

8. **马祖烽燧遗址**

马祖烽燧遗址位于福州市连江县马祖乡南竿岛云台山。石砌，圆形，高 4 米，直径 8 米。传为戚继光驻防连江时建，无法确证。同时，由于该处现由台湾当局实际控制，笔者未至现场调查。

（二）镇东卫辖区

镇东卫，包括下辖的万安所、梅花所辖区内的烽燧，为数众多。

依（万历）《福州府志》所言，烟墩凡六十有五，但其后实际只列出五十八处。

闽县九：凤岫、长崎、琅琦、海屿、象屿、拱屿、东崎、猴屿、旺崎。

长乐二十有二：酶酢、大石、魁洞、碁山、斗湖、浪头山、□山、大屿、甲峰、培山、旧山、牛山、湖头、□娘山、山亭山、流水、壶非、小祉、大祉、江田、石门、石浓。

福清二十有七：松下、峰□、大坵、后□、白鹤、大壤、垅下、汶流、桃屿、茶林、谯积、仙岩、前晏、□□、塔山、马头、□头、蟹屿、前村、洪坑、峦山、西岭、蒲海、石马、陈塘、□屿、峰头。

该书同时记载：烟墩多洪武间建，亦有不属千户所者，岁久多废而不修云。[1]

现在仅在福清、平潭残存几处烽燧遗址。

1. 金鸡山烽燧遗址

金鸡山烽燧遗址位于福清市东瀚镇莲峰村峰前自然村金鸡山，烽燧北侧 50 米处为龙江金山寺。金鸡山西侧山脚下为莲峰峰东自然村，北侧

金鸡山烽燧遗址

[1]（万历）《福州府志》卷十 / 官政志二 / 戎备 / 烟墩。

山脚下为后坑村，东侧临海，东部5公里处为万安寨山烽燧。覆斗形，四墙为块石垒砌而成，台中央为石块、红土夯砌。底边宽约12米，上部边宽约10米，残高约3米。东、南、西三侧保存较好，北侧完全坍塌，烽燧顶部也坍塌严重。

2. 万安寨山烽燧遗址

万安寨山烽燧遗址位于福清市东瀚镇万安村寨山顶。石构，块石垒筑，覆斗形，南北底边长11.6米，东西底边长12.3米，南北顶边长10米，东西顶边长11米，顶部有一长方形灶坑，长2.3米，宽0.65米，深约0.5米。东南角已坍塌。南壁下有石垒窝铺两间，已塌。

万安寨山烽燧遗址

3. 东皋山烽燧遗址

东皋山烽燧遗址位于福清市海口镇牛宅村。明嘉靖年间戚继光建，占地面积约300平方米。现仅留有几块石头和被烧过的焦土。

东皋山烽燧遗址

4. 下石烽燧遗址

下石烽燧遗址位于福清市江阴镇下石村。明嘉靖年间戚继光建。遗址位于下石村北鼎脐山顶，山高约63-72米。烽燧用块石垒砌，底座为方形，层层上垒，可见到6层，6层以上已倒塌，北底边长11.3米，东残高1.2米，从第一层边至第四层边相距约1.9米（每层约收进0.6米），第四层残高0.7米。

下石烽燧遗址

5. 锦城烽燧遗址

锦城烽燧遗址位于福清市沙埔镇锦城村烟墩兜自然村烟墩山顶。块石散布面积约 250 平方米，东西长约 15 米，南北长约 17 米，呈圆角方形分布，可知烽燧应是方形，底边长约 15 米，是一座实心覆斗式墩台。

锦城烽燧遗址

6. 炎当山烽燧遗址

炎当山烽燧遗址位于福清市沙埔镇西山村炎当山（烟墩山）最高点。占地面积约 100 平方米，其中块石散布面积约 40 平方米，其北边长约 6 米，南边长约 7 米，可复原其原形制为方形墩台，现仅余块石堆积。

炎当山烽燧遗址

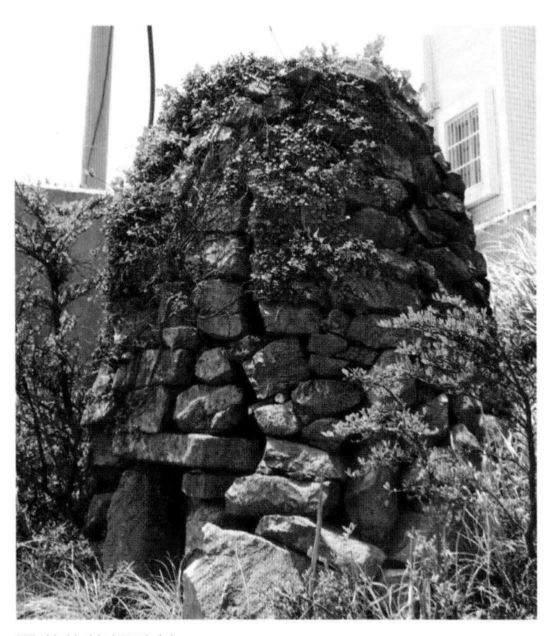

草屿烽燧遗址

7. 草屿烽燧遗址

草屿烽燧遗址位于福州市平潭综合实验区南海乡西门村。明代在山巅设营寨筑烽燧，烽燧原为三座毗邻，占地面积约2500平方米。现仅存一座，呈圆塔形，直径5米，火门朝南，石构，烟墩墙高2米，下厚1米，上厚0.6米。

（三）平海卫辖区

据（乾隆）《莆田县志》，平海卫（含莆禧所）辖区内的烽燧有十七处。其中小湾、蔡山、石城、砺前、埕口、石井、三江、新浦、石狮、湖边、澄港、崎头十二处，北接江口，南接莆禧，明季属平海卫。分上、下二路，每路委千、百户一员，每墩拨军五名守瞭，以指挥一员提调之。文甲、山柄、西山、火头、东湖五处，东接平海，南接吉了，明季属莆禧所。委百户一员，每墩拨守瞭军五名。[1]

现在上述地区还有部分地名叫“烟墩山”，但烽燧基本都被破坏殆尽。

（四）永宁卫辖区

明代永宁卫及下辖崇武所、福全所、高浦所、金门所、中左所所管辖的烽燧数量极多，据（万历）《泉州府志》所载，记录如下。

位于晋江县域的有十二处：西部为安平，隶福全所。南部为龙坡、古云，俱在二十都，隶永宁卫。坑山，在十六都；东门外、洋下，在十五都；陈坑、石菌、潘径、塭埔、石头、萧下，在十都，俱隶福全所。

位于南安县域的有四处：西南为石井，在四十三都；溪东，在四十五都；街内、下吴，在四十六都，俱隶金门所。

位于同安县域的有十四处：南部为白石头，在十都；刘山、西芦上，在十一都，俱隶高浦所。东南为叶了，在十九都，隶金门所。北部为东关浔、亨泥，俱在四十五都，隶高浦所。西南部为厦门、欧舍、径山，在二十二都；东渡、下尾、流礁，在二十三都；井上、龙渊，在二十四都，俱隶中左所。

位于惠安县域的有二十二处：东北部为海头，在六都；下头，在七

[1]（乾隆）《莆田县志》卷十一 / 戎备志 / 寨墩台塘。

都；后黄、峰尾，俱在八都；大山、高山，俱在九都；萧山，在十都；炉头、下朱，俱在十一都；后任，在三十四都；白沙，在十九都。东南部为白崎，在二十三都；柯山，在二十四都；獭窟，在二十五都；大岞、古雷，俱在二十七都；赤山，在二十八都；埕埭、小岞，俱在三十都；尖山，在三十一都；青山、马头，俱在三十二都，俱隶崇武所。[1]

由于烽燧所在位置均在峰顶，现在基本都已无路可通。本次调查笔者仅选择少量烽燧加以介绍。

1. 龟石山烽燧遗址

龟石山烽燧遗址位于泉州市泉港区南埔镇寮仔村。平面为方形，基部边长 8.6 米，残高 4 米，条石砌成，中用土夯实。台南面正中、离地 0.5 米处开一门，宽 0.95 米，高 1.85 米，门内砌曲尺形石台阶，可至台顶。

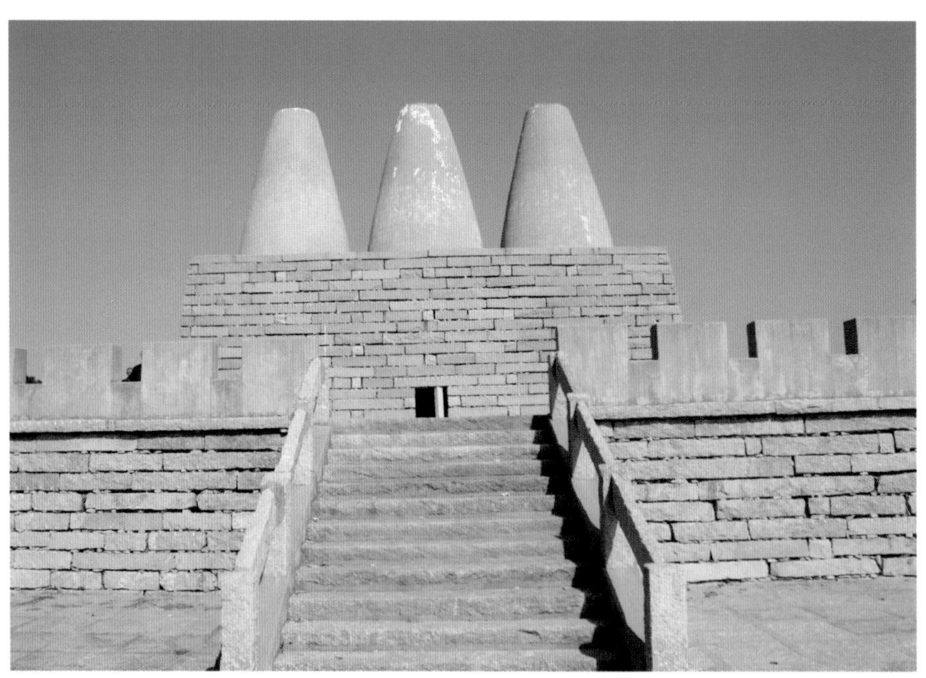

龟石山烽燧遗址

[1]（万历）《泉州府志》卷十一 / 武卫志上 / 寨隘（烽燧附）。

2. 天湖山烽燧遗址

天湖山烽燧遗址位于泉州市泉港区南埔镇天湖村东南 1.5 公里。明代初期建，现存台基，边长约 10 米，残高 4.4 米。四周条石叠砌，内夯土。西南面设门，宽 1.25 米。

3. 九峰山烽燧遗址

九峰山烽燧遗址位于泉州市泉港区界山镇鹅头村南 2 公里。平面呈椭圆形，长径约 50 米，短径约 40 米，依山势用块石垒砌。台基东南角有烽燧，条石筑砌，平面呈方形，残高 7 米，边长 8 米。东南面完好，西北角及顶部已破坏。

4. 狮峰烽燧遗址

狮峰烽燧遗址位于泉州市晋江市深沪镇狮峰山顶。明嘉靖年间为防倭而建，现存烽燧为近年重修。长 16 米，宽 8.4 米，高 9.4 米，条石垒砌，分三层，最高层并列三个烽火灶，烟囱高 3.6 米。

（五）镇海卫辖区

镇海卫辖区内的明代烽燧情况，在明代方志中都没有明确的完整记录。以下综合各方志记载，试确认明代镇海卫辖区内烽燧如下。

海澄：海沧，在二、三都，即许林头山，址尚存。青浦，在四、五都。月港，在八都。龙坑、刘坑，在北坊。嵩屿。

漳浦十座：白塘、大迳、流会、卓岐、江口、小湾（以上俱在二十三都）、灯火山（在十七都）、湾角（在十七都）、埠头（在十五都）、高山塔。

镇海卫墩台九座（见《闽书》，阙其地）。

陆鳌所墩台三座（《闽书》云五座）：陆鳌、洪坵、峰山。

铜山所墩台三座：泊浦、东平渡、瞭望。

诏安：梅岭、洪淡、古楼山。明嘉靖二十八年，抚院檄知县李尚理修之。至清康熙年间，只余二座。一在洋林，乃与玄钟对峙，原属玄钟所。嘉靖四十二年，倭陷玄钟，官军伤残稀弱，移寄南诏所，后属南诏所。一在洋尾墩，万历二年知县詹立添设，后更名洋尾河岸炮台。

玄钟所：明初有南山、东山、盐仓、东湾、黄岐、渐山、洋林，共七座。明崇祯二年巡海道议撤东山、渐山二座，而洋林一座移寄南诏所。[1]至清康熙时，只余四座：南山、东湾、黄岐、盐仓。

（光绪）《漳州府志》录有一份明代旧设、清代已废烽燧的名单：大迳、流会、卓岐、江口、小澳、湾角、埠头、高山塔（俱漳浦地）；镇海卫墩台九座（见《闽书》，阙其地）；陆鳌、洪垢、峰山、泊浦、东平渡、瞭望（俱漳浦地）；海沧、青浦、月港、龙坑、刘坑、嵩屿（俱海澄地）；梅岭、洪淡、古楼山、南山、东山、盐仓、东湾、黄岐、渐山、洋林、瞭望（俱诏安地）。[2]

两相对照可看出，基本上明代设立的烽燧，在清代都已废弃了。

从清代到如今，经过数百年来的自然和人力破坏，现存镇海卫辖区内的烽燧已所剩无几。而且，在调查中发现的不多的烽燧里，像漳浦的霞屿烽燧、小境烽燧，又都是清代所建，不符合抗倭遗产的定义。

高山塔烽燧遗址

高山塔烽燧遗址位于漳州市杜浔镇院边村高山边自然村后一座兀立的小山上。始建于明初，占地面积 25 平方米。山脚有座庙宇，庙后建塔，墩台建于塔边，墩台因此而得名，庙后的大石上阴刻“高山胜迹”四个字。因清初迁界，墩台被毁，现已基本不存。

---

[1]（崇祯）《海澄县志》卷七 / 兵防志 / 墩台；（康熙）《漳浦县志》卷十一 / 兵防志 / 烽堠；（康熙）《诏安县志》卷七 / 武备志 / 关隘。

[2]（光绪）《漳州府志》卷二十二 / 兵纪上 / 墩台。

第二部分

抗倭战场遗址

明初周德兴以卫所为中心构建了防倭军事体系，但是，随着倭寇力量的不断增大，原有的防御体系被冲击得千疮百孔。在倭寇登陆的许多地点，发生了激烈的战斗，产生了许多抗倭战场遗址。这些战场遗址，包括一些天然的区域，也包括因为倭寇攻打城垣而被动变成战场的官修城池与民间自筑堡寨。另外，有些民间自筑堡寨，尽管没有直接受到倭寇攻击，但如果能确认其修建是为了防备倭寇的进攻，则笔者也把它们纳入抗倭遗产之中。

综上，本章主要介绍以下几部分抗倭遗产：第一，成为抗倭战场的官方修造的各级城池，包括府城、州城、县城、镇城；第二，民众为了抵御倭寇而修建的堡寨；第三，其他战场遗址。

一、官修城池

1. 福宁城

明洪武二年，海寇侵福宁州境。其时，福宁无城，镇守驸马都尉王恭檄百户宁祥率军士守御。四年，始筑城。周三里，高一丈九尺，厚一丈。东北隅穴水门，以泄涧水。[1] 五年八月二十二日，倭夷寇福州之福宁县（按：福宁在明初地位升降，或为州、或为县，本书不区分），前后杀

福宁城城墙遗址

[1]（万历）《福宁州志》卷三 / 建置志 / 城池。

掠居民三百五十余人，焚烧庐舍千余家，劫取官粮二百五十石。[1]二十年置福宁卫，江夏侯周德兴撤东城，拓开一里，增高三尺，周四里，女墙一千五十二垛，窝楼二十九座。永乐五年，海寇复作，御史韩瑜、都指挥谷祥命增筑四门月城，城复增高三尺，四门各有楼，门内各有兵马司，城内外有走马路，外周围有濠，阔二丈，深六尺。岁久，四门楼圮。成化十七年，指挥朱珍重修。正德八年，议疏浚城濠。十一年，知州欧阳高又加浚东南。嘉靖三十四年，知州钟一元帮拓西城二里，而旧西城犹在。[2]十一月，倭九十余由福清海口抵州，往浙。三十五年三月二十三日，倭二百抵州城，官军千数莫能撄，伤死者且三十余。[3]三十六年，知州柴应宾依内城造东北敌台。三十七年夏潦，城崩，修筑方就绪，九月，分守顾翀议拆卸旧城，增高四尺，厚三尺，城周一千五十八丈。三十八年，倭逼城，时方霪潦，城工方竣未坚，崩塌无完堞。都司张汉令军兵取杂木环城立栅，结战棚为守，以御倭。倭围攻旬月，而城保无恙。分巡舒春芳闻报，驰至，出赎金输其直，匝月城完。城上旧窝铺三十间，嘉靖四十一年，知州夏汝砺增修如其数。又令四坊长造八敌台于城上，隆庆二年，分守李纪命州同王守中毁旧西城，辇其土石筑东敌台，号泰平台，而州始为一匡之城矣。是年，知州陆万垓继至，建筹边楼于其上，复设东北敌台并西敌楼。万历十三年，分巡徐用检阅城谓城石有隙易乘，下令甃城，下用石，上用砖。知州祝永寿、高汝梅相继成之。十九年，分巡李琯议浚濠，知州史起钦任其事，州判曾孟麟督工。州城旧高一丈九尺，厚一丈，今高二丈三尺，厚一丈三尺。濠堑旧阔二丈，深六尺，今阔三丈，深一丈五尺。城周一千五十八丈，濠周一千八百丈。[4]

清代时，又多次修城。1938 年，国民党当局下令拆除城墙。至 2012

[1]《明实录》/ 太祖 / 卷七十五　洪武五年七月至八月 / 八月 / 22 日，1392-1393 页。

[2]（万历）《福宁州志》卷三 / 建置志 / 城池。

[3]（万历）《福宁州志》卷十六 / 杂事志下 / 时事。

[4]（万历）《福宁州志》卷三 / 建置志 / 城池。

年，地表上的福宁城完全消失。2021年，在八一七路路面改造时，发现地下尚存有几段城墙，这是抗倭遗产“明代福宁城”仅剩的一点遗迹。

2. 福安城

福安县城在扆山下，旧惟土墙。明正德元年，累砖为城。周八百九十六丈五尺，高一丈一尺，厚一丈，女墙一千六百九十二，开五门，门各有楼。嘉靖六年，重修以石，厢五门。三十七年倭警，知县李尚德改造，高一丈三尺，厚一丈五尺，尚未完而倭至。三十八年四月初五日，城陷，倭寇杀死城中官民三千七百余，空城一炬，初九日始撤围去。未逾月淫雨，城俱圮。九月，分巡舒春芳相视定城基。十月，知县

清代福安城城墙遗址

卢仲佃至，力任修筑，昼夜周巡，屹以成功。增小北门，滨河五百丈。又易门外石桥，以木为桥。增窝铺五十，楼橹五。次年四月工甫毕，而倭大至，卢仲佃携三子乘城守，倭宵遁，不得犯而去，始得悉力于城。十月城完，周八百丈有奇，高一丈五尺有奇，基广二丈五尺。濠由大西门抵南门，浚二百九十六丈，广三丈，深三之一。增小北门。四十一年，知县黎未清于城上为屋，以避风雨。四十四年，知县李有朋葺新之。万历九年七月，大水夜至，全城漂没死者数千，城尽圮，当道议迁，知县汪美力阻其议，乃修旧城之南，而展其□。计周阔八百五十丈有奇，高一丈四尺，筑西门，□高一丈八尺，以遏水。万历二十一年，知县陆以载以东城鹤山高逼，不利防守，议改仍旧址，不费官帑，于坝则略增高厚，是防水御警之计两得之矣。[1] 崇祯十二年，知县章重增修。清顺治十八年，总督李率泰饬县重修。康熙五十六年，知县严德泳，雍正三年，知县傅植，五年，知县赵旭升，乾隆九年，知县周秉官，相继修葺。乾隆十六年，大潦，东、西城俱圮，知县夏瑚重筑小西门及东门，生员陈必遇董其事。[2] 光绪四年，知县张景祁修补城垣崩塌处，并修葺城楼炮楼及南门外之靖海关。十年，知县徐承禧补修。[3]

在龟湖东面的湖滨北路边，现在存有一段古城墙，但很明显是清代重修城池的遗迹，已完全看不到明代抗倭时福安城的痕迹了。

3. 宁德城

明洪武五年六月十一日，倭夷寇福州之宁德县。[4] 宁德县旧本土城，立四门。正统元年，累砖为城，周六百三十一丈三尺，高一丈五尺，厚

[1]（万历）《福宁州志》卷三／建置志／城池／福安县城，卷十六／杂事志下／时事；（万历）《福安县志》卷二／营缮志／城池；（光绪）《福安县志》卷五／城池。

[2]（乾隆）《福宁府志》卷六／建置志／城池。

[3]（光绪）《福安县志》卷五／城池。

[4]《明实录》／太祖／卷七十四　洪武五年六月／11 日，1359-1360 页。

七尺，女墙一千一百五十，窝楼四十，为门五，各建楼。嘉靖三十五年，倭贼数百从罗源来，直抵北城下，见有备，乃烧陈廉使房屋去。三十七年，倭贼数百自古田下，备倭指挥使刘炌、参将王月被害，贼由漳湾劫商民船出海。三十八年，倭贼攻破福安县，分守道舒春芳坚壁清野，将宁德城外大小房屋宫庙拆卸一空。四十年八月，倭自云淡门来攻县城东门，知县李尧卿、参将王梦麒坚壁不战，贼还云淡门，日造攻城器具。先是，梦麒率兵四千防御广福岭，既而退避入城，贼由是无所顾忌。尧卿藐视倭贼，竟不申请救援。十月，防守宁德参将冯镇撤所部兵二千回福州。二十日，倭贼目驾小船百余入县港，以三云车攻南城，炮如雨集。壮士林应桂、孙文璘、文达拒战，死之。百户汪贞、白麟并部兵俱逃去。民兵独御三昼夜，被伤者多，城中铳药发火自烧。二十二日，城陷，知县李尧卿、参将王梦麒、训导孙商伟俱死之，男妇被戮及赴水死者无算。贼屯于城九日乃去，官舍、民居及库藏案卷、旧家法物载籍悉为灰烬。十二月，倭贼复来县，焚烧余屋。署印照磨屠大贞被执。四十二年，知县林时芳采石重造。四十三年三月，守备王如龙率兵三千自漳过此，令兵佐以一日之力。城周围五百九十二丈，自址至堞高二丈一尺，广一丈二尺，城上有屋六百九十九间，敌台四十座，塞登瀛门，城内外有马道，环以深濠，上通涧水，下接海潮入于濠。[1]清康熙二年，知县张承瑞奉檄重修，增高三尺，垛子二百四十，游廊六百四十间。雍正初，大风倾圮。九年，知县费璜修。乾隆初年，城堞废坏甚多。二十五年，郡守李拔督同知县楚文暻率士绅黄中琳等捐修。[2]

1939年，国民党当局将城墙拆除。现如今明代宁德县城的本体已全无痕迹，只留有“林大尹重城宁德记”，现存于南漈公园时芳亭内，从中能窥见一些明代宁德城的往事。

---

[1]（万历）《福宁州志》卷三/建置志/城池/宁德县城，卷十六/杂事志下/时事；（乾隆）《宁德县志》卷十/拾遗志/祥异/明。

[2]（乾隆）《福宁府志》卷六/建置志/城池/宁德县。

林大尹重城宁德记

赐进士第广东按察司佥事前户部郎中林爱民撰／赐进士第云南道监察御史前巡按广东郭文周书／直隶凤阳府寿州儒学训道龚邦卿篆

林大尹重城宁德记

春秋重民力，凡城必书。城邢、城楚丘、城缘陵独美焉，避寇难也，莒城恶，浃旬而三陷，乃痛讥焉，备之不可以已也。宁德故长溪、古田二县地，唐析为场，伪闽升为县，筑土城，宋／圮，环以木栅。我／明正德丙寅分巡院公宾甃以砖。嘉靖丁亥，巡按刘公廷簠易以石。承役者苟就，卑狭，大雨辄溃，遇警则树栈为御。丁巳夏，倭遍闽中矣，予谓李令尧卿，城尚尔陋不足恃，亟图／诸。李以公私力诎辞，但累石护之而已。辛酉不守，邑烬垣夷，民骈首僵尸积于市，李亦不免焉。越壬戌八月，都督戚公捣横屿窠，始议城筑。九月，州守西融夏公汝砺过而叹／曰："吾属邑也，福宁达省必由之道也，可苟乎哉？"躬执度围，袤延

五百九十有二丈，揣高厚之址，授以城南安方略，东南潮涨啮城址，宜改曲者若干，寻估其费，五千一百金有／奇。请于军门新安让溪游公，察院肥城同川李公，佥报可，先发藩帑金二千经营，有直邑人首颂太守功矣。时摄县者无固志，狡匠冒领数百金，工靡就，摄吏相继去。癸亥春，／新倭又充斥漳湾，往来县治如逆邸，匠寻逸，民相吊，城将终废矣。潮阳林侯时芳莅任，剪荆莽，立仪门，抚残民曰："予来主兹县，必域尔于奠安，敢玩骫弃民，罪孰予逭？尔辈无／恐哉！"众稽首曰："吾有主矣。"五月末，戚公复歼小石岭之倭，民乃携老幼返城居。侯即召良工，采巨石，经纬错礣，跨石横关。申请藩司足前金，其不敷者，派民丁米，得金八百五／十两余。多方酌处，至捐薪俸以给匠。侯盖欲建千载不拔之基，目前小利不惜也，耆老富族亦效诚乐助足焉。董役者，训导胡德利，灌生员左承芳、林师则辈也。高及垛丈八／尺五寸，厚丈六尺，改窝铺为游廊六百九十有九间，防雨圮且便守也。敌楼四十座，门四，门上楼崇丈六尺，扁曰：镇靖、崇顺、永宁、遵化。经始于癸亥□月，竣工于甲子六／月。规制峻整，屹然鹤邑之金汤矣。尝慨夫民不可与虑始，可与画已。然城不峻，虽墨子守无术，与无城同。与其竭产入盗手，孰与裒万金以崇墉，完民物壮国威，所得为多乎？／然亦顾忠信感激之何如耳。初，恶少乘乱为赝倭以煽虐者，烈于倭。侯时微服岩谷间，廉得之，毙数魁于杖，萑苻屏迹。倭流劫杉洋，亿西乡人诱之也，仇杀道阻。侯移牍古田／令曰："刃胁之导，即欲隐，恐不脱虎口，诱岂其情耶？"各遣尉往解，二境遂睦，东洋顽民，故逋役，蔑官法，罔惮，侯严绳其惯恶者，宣谕威德，里甲以均其诸，弛盐禁，刑诬赖，绎马鞍／山古迹，以免鹤岭之冲射，要皆悯凋疲而与民休息，剔草昧而与民更始。故疮痍甫起，子来忘劳有以哉！虽然，域民赖乎城，守城赖乎民，闽之福清、政和十余邑，即兴化郡亦／不免，岂无城哉？守之无术耳。昔蜀自南诏入寇，民失职无聊，李德裕随险筑城，择旧獠与州兵之任战者，请甲人于安定，弓人河中弩，浙西蜀之器械皆犀锐，选民习战，贷勿／事，缓则农，急则战，名曰：雄边子弟。种世衡之筑青涧，且战且城。无论僧道妇人皆令射，以银为的，中者辄予之；徭役射中者，优之；过犯射中者，释之。寨称强而虏不敢窥。故生／聚、训练、务农、讲武兼举不废，永守之术也。侯艰险中已克创鸿业，当必次第及此矣。教谕张秉衷介陈晏、龚纲二生来请记述绩及此，因以告夫世世保障者。

嘉靖四十三年甲子冬十月吉日

经历：陈言、崔廷复，监生：陈范、郑滌、陈轸、陈巩、崔元绅，省察：崔廷宣，贡士：薛□□、林以诚，冠带：许廷兰，生员：陈纯□、胡辚、薛□□、薛一桂、陈琯、黄逵、林森、林邦重、龚邦干、彭道南、林邦□、薛天与、林□一、林示朴、陈访、左承符、陈钦、黄元基、蔡景榕、陈□、林微言、陈输、林以诚、陈□微、彭道澶、陈辁、黄元□、陈桂芳、崔□维、林邦京，典膳：林以谟、左承宗，属官：陈显、徐元□、陈□、龚炳、黄朝用、黄廷宣、马世嘉、黄孔涵、张宜慎、彭□□、杨宜启、何廷洁，护印：僧圆赈，吏员：黄□备、黄元瑞、陈谧，耆民：林廷义、龚侃、吴榆、林宗楠、宋滔、崔玄修、韩□、陈元岱、魏应、黄钢、陈张贤、林源静、陈元泉、林均、吴□、陈大铺、彭道由、郑俊、龚备、吴世学、崔邦则、黄世贤、薛景君、林孔仕、周元臣、黄子安、黄文禄、黄聪、崔文轸、阮衮同立。

4. 寿宁城

寿宁环拱万山，界连浙省，于闽疆诸邑中最小而险峻。旧无邑，有明寇数为灾，割福安、政和地以成邑，防倭寇也。明弘治十八年，按佥分巡阮宾檄知县吴廷瑄始事筑砌城池。东、西、南、北四门，水门二，延袤七百七十丈，崇一丈六尺，厚一丈。嘉靖五年，巡按刘公廷簠命知县钱亮易以石。岁久城垣倾圮。嘉靖二十三年，知县张鹤年修葺。三十八年十一月十四日，倭寇自浙江太顺县突入寿宁，人遭杀掠。四十年，知县章锐申请筑石城，加垒女墙。功甫就，四十一年十一月十七日，倭寇

陷寿宁。四十二年春，倭贼千余从流江来，陷寿宁，雉堞尽坏。四十二年十二月，倭寇屠寿宁。隆庆五年，复遭大水，悉漂关墙。万历二十年，巡抚檄委知县戴镗筑塞北门，别开小东门以充四门之数。崇祯间，知县区怀素修各门。不久，复崩塌殆尽。清乾隆十一年，知县潘质厚重修东、西二桥，下设二木栅以备警。十六年七月，山水冲天，城垣衙署俱有损伤，随即修复。[1]

现明代城池已消失。

5. 政和城

政和自关隶镇升县，始移县治于感化里黄熊山麓。历宋元俱未筑城，民屡困于流贼。明弘治元年，流贼劫掠仓储，知县柴曦筑土墙百余丈，暂资备卫。后奉部符，改用砖筑。周广二千零三十丈，高八尺，为垛口三千六百，窝铺一十四，城门三。嘉靖间，知县高士楠申请修葺。四十一年，倭陷城。万历初，知县张应图申檄移筑半山。周广八百四十三丈，高二丈，较旧环缩而势崇，凡一千五百零四垛口，门五座，水门四。清顺治十八年，沿溪城圮。康熙三年，知县马之彦倡修。乾隆间复圮十三垛，知县谭垣修之。嘉庆间，河水暴涨，冲塌城垣三段，凡一百零五丈五尺，又南门迤西马道流决十二丈五尺。知县陆锳详报，未复修。咸丰八年，太平天国部攻政和，城陷。及克复后，雉堞圮毁，无人议修。光绪三年，水冲城垣数十丈。七年，知县唐志夔修。二十五年，知县蒋唐祐议葺半山城垣及星溪一带城址，邑人输金颇巨，委经纪者专其事，掘古城基移造沿溪城址，仅于主簿巷口咫尺地垒砖为垣，余实以土，即报工程已竣。沿至民国，匪警频闻。七年，知事黄体震为防守计，募修和阳门、顺令门及星溪一带城址。[2]

---

[1]（康熙）《寿宁县志》卷二 / 建置志 / 城池；（乾隆）《福宁府志》卷六 / 建置志 / 城池；（康熙）《松溪县志》卷一 / 地理志 / 城池 / 兵氛；（乾隆）《宁德县志》卷十 / 拾遗志 / 祥异 / 明。

[2]（民国）《政和县志》卷六 / 城市。

政和明代城池还有局部保留，规模最大的当属政和城关文明路段河堤，保存完好，如今仍然担负防洪重任。水门完好仅剩前街一处，且多有砖铭，但墙体有的地方已经鼓起变形。2017 年 8 月 14 日，福建省政和县中医院在埋设地线时，发现了一段青砖古城墙，部分青砖上还有“政和县城砖蓝号”和“江字号”等铭文。

6. 松溪城

松邑旧无城池可守。自明弘治二年，知县徐以贞奉部符经度。越三年，分巡道萧公命通判龚球、主簿王俊董工筑造，基址粗立，值岁饥民困，工因以寝。至嘉靖五年，坑寇猖獗，民受其害，巡按刘公至县，责成知县闵鲁委、崇安县丞袁大纯督理，民义其役，数月而就。周围九百五十五丈，高一丈六尺，厚一丈，立四门，城西北隅先用碎石甃砌。嘉靖十四年，知县黄金以砖易之，作二水门以泄滂潦。嘉靖四十一年

松溪城清代城门

十二月，倭寇屠寿宁、政和二县。松溪戒严，县令徇陈旦等议和，倭寇不逊，松人大愤。悬军令，议和者斩。倭至河东，松人方惠明伏弩杀其渠魁三人。倭抵城下，松兵前哨出战，败之，斩首十余级，倭少挫。次日，攻围八门三昼夜。倭恃鸟铳而松人善弩，寇无所得，乃散劫诸村落。倭为云梯以冲城，高出垛上。先是，倭退时，城防稍懈，惟诸生陈椿、范茂先、黄澹等逆知其诈，力言之令。令惑于奸细，复持金并酒往犒，张筵于河滨，扮游兵为令簿陪饮之。忽有被掠二童子及倪继六者隔溪报倭狡计不可信，于是陈椿等泣言于令，始引奸细斩之。倭遂拥云梯舞剑而上，张德奋勇挥斧斩倭，首落城下，李士清、朱蓬毛各杀数倭，众始定。相持一月，倭死甚众。次年正月十五日，倭空营出，松人伏兵四起，寇兵大溃，拔营遁去。万历三十七年，大水城圮。知县刘一灿捐俸修筑，任其事者县丞张德量、典史詹立敬，工食称给，民不知劳。崇祯十六年，知县钱嘉征重修。清顺治初，因小水门闭塞，复辟之，以便往来。十六年，知县伍达行增修。十八年，洪水汎滥，雉堞多坏，未遑完缮。康熙二十五年，大水城崩，塌者共计一百六十余丈。前令详院，有速劝捐筑之文，近因农隙，议工需时补筑。[1]

松溪现存有光绪年间修造的东城门寅宾门和西城门迎恩门，但明代城墙已经没有留存了。

7. 罗源城

罗源原未有城。自明弘治间，知县李南始筑土墙于要害之所，辟门十一处。嘉靖三十三年，倭寇二百余来自定海，绕罗源东门，入宁德。三十七年，诸生陈公达、郑时泽等鸣于官，巡按王公忬檄徐推官必进拓而筑之，延袤三里许，新辟八百余丈，高一丈五尺，厚一丈一尺，西北一带自蒋坑至白云坑为新址，费二千金。未几，倭万余由宁德而来，宿于城外，是时署县武瀛率民守御，焚北门外崎柄东野民房，使贼无所屯

[1]（康熙）《松溪县志》卷一 / 地理志 / 城池、兵氛。

聚。是夜，贼见城上士马云屯，乃先锋显神也，遂惊遁。三宿抵省。先时有怨公达者，至是众皆德之。但犹是卵石，卑陋如故。万历二年，知县肃蔚申请藩臬，上增堵堞，下平地基，增筑虎坑，移迎恩门当岐阳孔道。[1]规制倍峻于前，然卵石所为，犹未改也。七年，巡道李公乐按临，谓非经久之计，请于抚宪，得福宁兵饷五千、派丁苗千两，砌以大石，巍然改观。历数年郑子亨宦归，复言于马巡道邦良而增修之。顾临海当风，串楼易圮。二十五年，龙令起春复修葺之。至三十七年，城之圮于水者二百余丈，李令应裕申请上官，出库金五百余以葺之。四十年秋，蒋坑上水关一带复圮于水，串楼坏者三百余间，陈令良谏架而筑之，费金二百余。崇祯十年，淫雨溪涨，女墙及东南水关多倾塌者，卢令从化募修未竟。十三年冬，署令张绳孙锐意修之。明年，章令简相溪势，分北溪之水南行，不使啮城为害。三年之内修城之坏者三，民乐趋焉。清顺治六年，城守于和拆串楼塞小西门，创瓮城于东门。康熙二十一年修，周城丈量西至南一百十五丈，南至东一百五十五丈，东至北一百二十丈，北至西四百四十一丈，雉堞五百一十垛，城高一丈四五尺不等，阔一丈，东门瓮城高与城齐，广四丈余。四十年，城西圮于水。陈令于宣修而筑之。五十八年，汪署令大润复开小西门盖城楼。六十年，王令楠缮南、北城城楼敌台，大加修葺。雍正四年，复圮于水。至十年，王令守敬始克修之。乾隆二年，复圮。四年，彭令祐申请重修，动帑金三千余而城之不完犹昔。十六年，陆令宏绪从邑人陈榕林定国之请复北门古道改东门瓮城东向。二十三年，梁令翰请于大吏，易旧石而新之，城始完固。至三十八年，西城之右啮于水，冲陷及基，刘令逢甲以不便屡动帑项捐俸重修，西南城圮于水者较前尤甚。[2]

现今明代罗源县城城池痕迹全无。

[1]（康熙）《罗源县志》卷二 / 建置 / 城池；（道光）《新修罗源县志》卷二十九 / 祥异志 / 兵警。

[2]（道光）《新修罗源县志》卷八 / 城池志 / 城垣。

连江古城航拍图　蔡吉鹏摄

8. 连江城

连江旧无城。明嘉靖三年，参政蔡潮始建四门敌楼。五年，郡守汪文盛筑城罗源，归途为布画成规，以忧去，事遂寝。十八年，署县通判徐访因文盛所画原址，请建城，未果。十九年五月十八日，山寇突入县治。知县诜谟率兵御之，莫能支。遂建城，起是年冬，越次年夏告成。高一丈五尺，广一丈，周围九百丈有奇，雉堞一千六百，皆甃以坚甓，为门四，构楼其上。城完之明年，洪水冲颓其半，经参政李香等勘详，巡按徐宗鲁仍命徐访监修复完。三十五年，倭犯县，官兵击却之。三十六年冬十月，倭攻小东门，不克，焚龙兴观及保固祠，掠附郭伏沙诸村去。三十六年冬，倭警。分巡佥事盛唐增高三尺，建警铺三十六座。是秋，被洪水城东圮，知县史元功昼夜督修。比冬寇至，附郭居民挈家入保，得无患。三十七年四月，倭蹂县治，逾北岭遂犯省城。三十七年八月初八日，被水复坏，知县萧谷入闱回，竣其役。三十八年四月，倭逾县界，趣省城，分寇各县，自陷福安而西道连江城外，众数千，径趣闽、侯、怀三县及闽清、长乐、福清，至六月稍稍解去。三十九年，倭大掠诸村。

四十一年，知县熊尹臣复盖警铺十座，度要害添建敌楼十二座，规制大备。万历九年，又圮于水，知县刘焿修之，计七百四十丈。寻以霪雨复圮，知县朱应奎修之，并添造小东门瓮城一座。清顺治四年被兵，城陷。五年再陷。十三年又陷。提督马得功趣士民克期修筑大北门堙后四十丈。顺治十七年知县常尔澡、康熙十年知县郭巩先后修之。雍正三年七月初十、十一两日，大雨平地，水深丈余，翼日冲塌南门，平水门城基。四年八月初六至初八日，大雨，山水暴涨，深二三丈。近江西南一带屋宇十倾八九，并没西门轨道。知县刘良璧请修，不报。会彭之昙接篆，与邑绅赴省吁请督抚，乃命前署令张兆凤勘估工值一万七千两零，适原任江西布政使丁士一奉旨自备资斧来闽修城池。八月兴工，至六年九月工竣。乾隆三年秋，飓风，水溢近东城垣，复颓，知县戚弢言修之。十三年，南城楼火，知县苏渭生重建。三十四年，知县金科修，雉堞警铺一新。道光元年，知县赵志烱再修。同治十二年，因浚外濠，西南隅城崩。知县徐承禧移濠，工未竟，存款派董督修，工甫竣而圮。官召匠诘责，廉得款被侵克，致工不牢，仍责续成，事乃寝。光绪十二年九月，南城楼又毁，知县张家潘重建，自时厥后，比岁飓风大水，四城颓缺，无一完者。[1]

连江旧县城还留有一点清代的痕迹，而明代抗倭时期的城垣现在地表上已完全看不到了。

9. 古田城

古田城创于明弘治十五年。广袤七里，高一丈七尺，基厚一丈，周回一千三百丈有奇，为门四。嘉靖中，邑令陈翀因有倭警建敌楼于西北隅。三十八年，倭寇至，薄城下凡五日，以有备引去。时倭寇流毒东南，县令王所初抵任，以邑城垣卑薄，虽设有警，不足为备。四十年，乃劝

[1]（民国）《连江县志》卷六 / 城市 / 城，卷三 / 大事记 / 明。

民增城浚濠，并增设隘楼以备，计修城垛一千六百余，增高城垣三尺，修窝铺五十有七，敌楼一。四十二年，倭寇至城下，王所躬操矢石督防御，夜遣骁勇焚贼营，贼遂遁去。万历中，邑令刘日暘重修，计修城门九，建敌台十，城堡六十七。嗣后岁久渐有损坏，邑令王继祀复修葺一次。天启四年，邑令吴柔思与邑绅余文龙募捐重修。清康熙四十年，邑令陈琸重修。乾隆元年，邑令刘之麟奉文饬修，通勘圮塌新旧内外马道七十五丈，城垣三十七丈，五年五月兴工，八年十一月邑令李基铉任内始竣工。嘉庆二十二年，邑令龚懋谕修东城门楼。道光十三年，楼毁于火，邑令宋炳垣率士绅张品亨等劝募重修。道光二十六年，邑令周培同邑绅重修。光绪二十年，邑令汪育暘同邑绅募捐重修，计修坍塌城垣七百零六丈，内外马道二百六十四丈九尺，沿溪堤岸一百二十三丈八尺，水门五座，城门二座，炮台六座。[1]

因为建设需要，现古田旧县城已整体沉没于水底。

10. 福州府城

明洪武三年六月，倭夷寇山东，转掠温、台、明州傍海之民，遂寇福建沿海郡县，福州卫出军捕之，获倭船一十三艘，擒三百余人。[2]同年十二月十七日，诏赏福州捕倭军士文绮金帛。[3]四年，驸马都尉王恭重修福州城，修砌以石。方十里，高二丈一尺有奇，厚一丈七尺，周三千三百四十九丈。城上敌楼六十有二，警铺九十有八，堞楼二千六百八十有四，女墙四千八百有五。六年，福州中卫指挥李惠等重加修治，并建楼橹，周而覆之。成化十九年，大风雨，楼橹摧毁殆尽。巡按汪奎等规画缮理，以复其旧。正德间，又经重修。嘉靖三十六年，倭由海入寇，至福宁，转掠而南，遂逼福州城，众数千人，四郊焚火照，

[1]（民国）《古田县志》卷六／城市志／城堡，卷三／大事志。

[2]《明实录》／太祖／卷五十三　洪武三年六月／28 日，1056 页。

[3]《明实录》／太祖／卷五十九　洪武三年十二月／17 日，1161 页。

福州明城墙（乌山麓）遗址

城中死者无算，南台、洪塘民居荡然。三十七年四月，倭蹂连江，逾北岭，复逼会城，焚掠尤惨。三十八年，倭由福宁寇福州，城门昼闭，遂掠近郊。同年，为防倭，增置敌台三十有六。环城三面堑濠，深七尺五寸，广十丈，延袤三千三百四十六丈有奇。四十二年，倭残寇五百由牡岭窥会城，千总胡世兵驱之，多赴海死。万历十年，重修城池。清顺治十八年，总督李率泰因防火灾，拆换城屋，增筑垣墙。高二丈四尺，厚一丈九尺，计窝铺二百六十四座，炮台九十三座，垛口三千有奇，马道五千五百三十丈。康熙三十年，总督郭世隆重建西、南二城楼。雍正五年、九年，增筑女墙。乾隆十六年，总督尚书喀尔吉善巡抚都御史潘思榘重修。[1]

现今，福州城地表残存有几段明代城墙。

11. 长乐城

长乐县宋元以前无城池，明弘治三年知县潘府乃拓地城之，后虽时

[1]（万历）《福州府志》卷三十四 / 杂物志二；（乾隆）《福州府志》卷四 / 城池。

加修葺，规模卑隘。嘉靖三十一年，倭夷不靖，巡抚王忬、巡按赵孔昭请城长乐，遂发公帑金万二千余缗，知县詹莱董其役，阅十月至三十二年而功成。城高一丈五尺，厚一丈，周千四十五丈有奇，水关五。嘉靖三十五年正月十三日，海口倭夷由长乐县石龙岭逾闽县钦仁里遁去。三十六年三月三日，倭寇自瀛前分数十小舟入诸港，寇二都、三都，杀十人，沿镇入海。十月，倭夷突至洋崎，长乐邑城戒严。窝铺五十有七，嘉靖三十七年，知县杨汝辅复造敌台一十三座。三十七年四月，倭夷千余由闽安镇焚劫瀛前卒至邑城下，沿长屿江至坑田焚舟登岸，掺罗芹山绝顶。五月初二日，倭夷一千余由六都竹田岭、八都砩岭二路入屯三溪，将逾感恩，迫县治，举人石震、生员曾汝鲁等率众断桥御之。倭凭沟夹岸以战，又从六都催兑沟进，遇古县下村青山下民兵战，北归屯三溪，十二日分四路遁去。二十七日入海，参将尹凤、秦经国、田某等督舟师邀击至江田溴，会都指挥使黎鹏举将舟师南旋夹击，遂破之，沉贼舟过半。三十八年三月至六月，倭夷先后由福宁度鼓岭，焚劫福城外，浮马江

长乐城城墙遗址

而下。复从闽安镇、瀛前入三乂港，又循福清出砩岭抵三溪等处，布满南北乡，搜剔无遗。又淫雨滃雾，兵火逾三月，骼胔相望。四月二十六日迄二十九日，日夜攻城。先赣州守备来熙率兵入守，用鸟枪击伤百余贼，解去，城上被伤者十余人。自守备至解严七十余日，閰落居民暨闽县、福清、连江附近居民避贼入城者众，蒸染成疫，每日四门出百余尸。三十九年四月，倭夷寇北乡，巡抚刘寿率亲兵驰马挟弓赴之，遇贼于壶井山下应弦毙二酋，贼方骇溃而我师旋归矣，贼得乘汐由七都仙桥逾八都砩岭遁去。四十年四月二十四日，倭夷寇北乡。二十五日，寇西南乡，杀掠无算。五月十八日，复寇北乡。十九日，乘汐至七都仙桥。四十一年四月十四日，倭夷寇北乡，由十四都乘汐突至江田。又至二十都，屯沚头山，千户孟某、巡简范鹤率兵战于燕石，乡兵助之，贼劫夺渔舟入海。是秋，贼久屯福清，浙福副总兵戚继光率兵剿捕，兵驻邑城。歼敌后，凯旋复经邑治，士民欢迎。四十二年三月，倭夷寇二十都。二十八日，寇十九都，掳四十余人。隆庆三年，知县蒋以忠易水关之木栅以石。崇祯十四年，知县夏允彝复扩城二百八十丈有奇，北踞山巅造城楼一，敌台四，水关一，石桥一，窝铺二十，览胜亭一，旧城楼、敌台、窝铺、城垛，圮者建之，毁者葺之。清乾隆二年，知县殷凤梧领帑重修。十一年，知县戴永朴领帑重修。二十一年，知县贺世骏领帑重修，凡城门五，水关一。[1]

1928年，为了修路，长乐拆除东、西两段城墙。抗战期间，为了封锁海口，防堵日舰入侵，长乐又把剩下的城墙基石填入闽江。至此，长乐古城消失。2019年，考古工作者在长乐发现了明代古城东城墙遗址，大致沿着现在的建设路分布，以和平街为界，从延寿院门口一直延伸到建设路与郑和东路路口。经勘探，这段城墙遗址长约130米，其中南段

[1]（民国）《长乐县志》卷三／大事志，卷六／城市志／城池。按：（万历）《福州府志》卷五／舆地志五／城池，称“嘉靖三十一年防倭拓大之”，（民国）《长乐县志》称“嘉靖三十二年”，综合两书，应为三十一年兴工，三十二年功成。

保存较好。此外，在汉口巷也发现了疑似城墙，在和平街和建设路交叉路口，发现了城门门臼的残段（直径 15 厘米、残长 0.8 米），大致确认出东城门的位置。通过考证，基本确认所发现东城墙的始建年代应为嘉靖三十二年。

12. 福清城

福清县向无城，仅有五门。明嘉靖三十三年，海上有警，因城福清。高一丈八尺，厚一丈四尺，周九百九十三丈，女墙一千三百，警铺二十，西建门楼四，水关二。时弃险于外，西据山巅，虚实易见。三十七年，倭攻北门，登山放铳，连毙二人，守者奔溃，城遂陷。摄令唐、同知金稍为增治。罗令向辰至，则尽乎北阜之逼城者，增垣高四尺，造二敌台当敌冲，设串楼于台旁。浚河，深广各八尺。阴雨弥月，东、北城随崩随砌，贼终不能克。三十八年三月二十六日，倭贼由松下抵福清县东门上洋，挥扇横行，城中发铳毙二贼，始惊溃。二十八日，又二百余贼由长乐抵北门，被铳伤仆，溃。四月十七日，贼四百余由松下抵东门，被铳击走。三次俱南遁，焚杀掳掠，极其惨酷。二十六日，又千余贼由兴化来过天宝陂，屯宿溪前马山等处。五月五日，四千余贼从牛宅抵上洋，由玉屏山过洋浦，屯宿宏路。两月间，凡七被贼。六七月，贼被风泊海坛，分屯白鹤、瑟江、东瀚、后营，劫杀无虚日。八月十八日，又四百余贼从长乐来宿溪头，由前潘过江犯上迳，踞江阴，至是福邑四乡悉被焚掠。十一月，贼始南去。四十年四月二十六日，倭越石龙岭往福清，屯化北、新堂、牛田。四十一年四月十四日，倭由长乐往福清。是岁倭大举犯福建，其新至者营福清牛田，参将戚继光等先击横屿贼破其巢，乘胜至福清，时九月二十八日。戚驭兵有律，福清民大悦，家具箪食饷兵，屯于城。邑令及父老请师期，继光曰："吾兵疲且休矣，俟缓图之。"贼侦者归，告不为备。夜督兵行三十里，黎明破其巢，斩首千余级，邑人尚未知兵出也。续追余贼至兴化，歼之。遂旋师抵福清，遇贼自东营澳登陆，击斩二百人。万历元年，令许梦熊增串楼十间。二十二年，拓北城于山巅，连亘作两台，筑夹垣以属之，建楼于下台，就西偏为北门，缩东北隅三之一为小北门，以便行者。移西城于山椒，使敌不得窥，四门各益以月城，计增新城二百余丈，铺舍若干，移旧城东西四百余丈，屹然改观矣。二十六年，令张勉学以上台孤悬，夹垣直射，形家不利，拆夹道上台之石，崇其下台，改右腋二十余丈，稍委蛇其势，以避外瞷。天启四年，令康承祖于东、北增筑五敌台，西、北城增高四尺，覆以堞楼数十丈。崇祯七年，署令郑尚友复举而修之。清雍正十二年，令张廷球请公帑修葺。后稍倾圮，邑侯饶安鼎于乾隆十年董工修城门楼五座，警铺四十二铺，炮台五座。[1] 1938 年，国民党县政府把城墙拆毁。

现在地表已找不到明代福清城的痕迹。

13. 永福城

永福县旧未有城郭，明嘉靖三年，知县何谦始请筑城。未几，谦去。推官张濬摄篆董其役，逾年而成。石基土墉，高一丈五尺，厚丈许，周六百九十二丈有奇，为门四而楼其上，各三间。三十三年，文惠缮修四门。三十八年，倭寇攻陷，焚之，城邑为烬。知县武瀛稍为修葺，增建敌楼十。隆庆六年，知县陈克侯重修。万历十七年，知县陈思谟以东、北城垣在山坳，外山高倍于城，可觇虚实，请移跨山顶。周七百十丈，城墉易土以甓，为门四，又水门一，各建楼其上。清康熙三年、七年、十九年，三次被水。知县于昌孕、李景明、董治国倡修。雍正五年，知县张宣、张廷球、冯绍立相继修葺。乾隆二十六年，知县王纲增长一十五丈，至民国时仍之。[2]

现永泰明代城墙地表上已完全不见踪迹。

---

[1]（乾隆）《福清县志》卷三／建置志／城池；（乾隆）《福州府志》卷十三／海防／倭寇福州始末（附）。

[2]（民国）《永泰县志》卷二／城市志／城池。

14. 兴化府城

兴化自古便有城。至明洪武三年，兴化卫指挥李春复加葺缮。十二年，指挥程升奏请辟城，延袤一十一里，周二千八百三十丈，基广一丈六尺，墙高一丈八尺、垛六尺，共高二丈四尺，表里砌以石，为垛二千九百六十有二，窝铺四十有九，敌台二十有七，为门四。成化间沙尤寇发，祸延七郡，巡抚都御史张瑄莅莆，命郡卫同修城浚濠及重建门楼。嘉靖三十四年，倭贼入寇，知府陆美中御之。三十七年四月十四日，倭贼聚党千余人进逼郡城，守者射毙数寇，寻遁，于是分守万衣命增腰墙高三尺，垛砌稍阔，增九百有十，筑二大敌台于城西北界。三十八年六月，贼复来寇。四十年，自夏徂冬贼三寇。四十一年十一月，新倭四千余日来薄围，环攻三旬，守困援给予，竟为伪卒内应，二十九日四更城陷。屠戮甚惨，历六十余日，贼以城中腥秽不堪，乃趋平海。及知府易道谈至，四顾门楼焚毁，首为修复。于是，巡抚谭纶据总兵戚继光议，行令城外西北筑墙高七尺，北门至西水关筑土墙四百五十丈，西水关至西门筑石墙六百三十四丈五尺，添设敌台六座，时嘉靖四十三年也。隆庆元年，分守杨准命知县徐执策设副阶于垛口。五年，分守阴武卿命同知钱縠重修东、北二门楼。万历九年，知府陆通霄重拓西、北城垣，将高冈包围在内，长八十五丈五尺，高二丈，阔一丈，建敌楼一座，窝铺二座，方门二座，垛子一百八十。二十九年，知县孙继苟修砌旧城。三十六年，知县何南金重修，周回砌以砖石，楼堞、副阶一新。四十二年，知府徐穆开浚城濠四周六百余丈，各深六尺。清雍正八年，知府张嗣昌、知县汪郊重修雉堞。[1]乾隆五十九年，知府安汎修之。咸丰三年，德化林俊乱，城修甫完，寇不得逞。光绪八年，闽江有法人之役，知府施启宗、知县徐承禧乘隙修城，楼堞、警铺一新。

民国十五年，国民军入闽，议尽撤各城。已而，寝其事。或移砖

[1]（乾隆）《莆田县志》卷三 / 建置志 / 城池，卷三十四 / 祥异志。

石木材以修官署学校而城多残缺。民国二十八年，奉第三战区命令，撤去沿海十二县城垣。莆田拆城，以八月开始，三月撤完，千年古迹废为丘墟。

现莆田只留有几块清代城门石门匾，明代兴化府城早已不见踪影。

15. 仙游城

仙游县自宋筑城，元毁。明正德元年始筑土城，寻圮。三年，知府张璸甃石作址包砖，未成去任。六年，知县范珪申请续修砌以砖。嘉靖四年，固基，陶砖包城，砌敌台二十八所，上撤其盖，筑战楼一所，作阑腰垛墙，成三百六十六丈余。八年落成，延袤一千九十五丈，高一丈二尺六寸，垛五尺，广三丈六尺，改四门。四十二年十一月，倭乘破府余焰，万众攻围，知县陈大有、典史陈贤与民死守五十五日。十二月二十六日，倭造吕公车迫城，危在呼吸。总兵戚继光提浙兵来援，歼倭殆尽，城赖以全。万历四十二年，知县徐观复增高东门楼以迎阳气。

清顺治十二年正月初五日，郑成功部攻城，城陷，垛垣坏堕。十三年，分守苏宏祖修，增高五尺，内培土，加厚二丈，筑马路二层，东外门稍迁北上，南外门稍迁西上，并二垛为一垛。康熙五十四年，仍复南城门。雍正十年八月，蛟雨大作，北坏三处，官绅合修。乾隆十二年，雨坏西南角三丈余，知县陈兴祚捐修。乾隆三十四年，雨坏数处，共三十余丈，知县胡启植捐俸修理。城垣长千二百十二丈，高丈九尺，堞一千三百十二，高四尺五寸，城门楼四，窝铺十二，炮台十二，马路阔丈余。[1]

民国十三年后，城墙和城门逐渐毁成平地。现地表已无明代城垣痕迹。

16. 德化城

德化县旧无城。明嘉靖三十六年，知县邓景武始申议筑城。周围

---

[1]（乾隆）《仙游县志》卷九 / 建置志 / 城池。

八百三十七丈，高一丈三尺。三十九年，倭奴自仙游县大掠永春。知县张大纲以城广阔难守，约之，仅六百六十八丈有奇，而稍增其高。四十年，吕尚四攻城十余日不能入，遁去。四十四年，知县何谦于城北建拱辰门、建北镇楼以资远瞭，添设窝铺，分兵以备巡缉。万历十八年，知县丁永祚始辟南门。崇祯十四年，县令李元龙修，增高三尺，重筑北敌楼，分雉堞为一千垛。清顺治四年冬，山贼破县，四门城楼皆被焚。康熙十五年四月十六日，大雨淹城，郑氏集团委任的知县叶丽生督民修筑，未就病去。同样是郑氏集团委任的知县辜锟继成之，然滨水卑下，草率卒役，城址堵堞低薄，民创前灾，不敢复居故地，户烟寥寥，非复昔日旧观矣。[1] 康熙二十五年，知县范正辂缮葺城垣。五十年，知县殷式修

（万历）《泉州府舆地图说》之德化县

[1]（康熙）《德化县志》卷三 / 城池。

理城垣。乾隆十年，知县鲁鼎梅修理城垣。五十五年七月十七日，大雨，溪流漫涨，冲塌城垣约百丈。五十六年，知县杨奇膺捐俸修筑，并重修东、西、南三门敌楼。嘉庆元年，知县胡应魁重建敌楼。十六年八月十六夜，大雨，水暴溢，坏城垣十余丈，知县申允继重修。咸丰三年，林匪倡乱，城楼被毁。六年，知县许善器谕捐重建。光绪三十年五月初七夜，洪水傍溪，城垣自西至东冲坏七十余丈。三十二年，知县赵云崧率士绅重修。[1]

德化城没有直接受到过倭寇的攻击，倭寇只有过邑西门往仙游之举。现地表已完全没有明代德化城的痕迹了。

17. 永春城

永春县旧无城，仅有城门，后废。明嘉靖初，知县柴镳复建三城门。三十九年，倭寇至永春，知县万以忠弃城遁，贼肆焚掠，城毁。知县张

（万历）《泉州府舆地图说》之永春县

[1]（民国）《德化县志》卷六 / 建置志 / 城池。

大纲砌石为城，高丈许。四十年，吕尚四攻陷，复筑，周五百一十八丈，高一丈九尺。四十一年，知县林万春始成四门，皆砌以石，覆以连屋，环之以濠。是年，晋江贼谢爱夫等连倭寇数千攻永春。本学训导吕岳、署典史罗用弼率民颜巨卿坚壁拒守二十余日，出精兵焚其火药，贼多死者，乃遁去。后西南隅滨江渐冲啮，知县谢裘改河道以杀其流，甃石以捍其冲，又建西南隅敌楼一。万历二年，洪水冲迫城基，知县许兼善修筑，设窝铺五十二，浮台四。崇祯十年，知县杨允升增高六尺。清顺治十二年，被郑成功毁。署令欧阳思，知县郑名、王共瞻相继修完。乾隆十二年，知州杜昌丁以水迫城基，筑坝以捍之，宽一丈五尺，长二十丈。十六年，洪水冲损二丈余，复修筑坚固。[1]

明代永春城现已消失，地表完全看不到痕迹。

18. 安溪城

安溪县旧无城，仅土堑垒石为隘门而已。明嘉靖三十九年七月，倭数千突入安溪屯，四十日，公署民房烧毁殆尽。四十年秋，倭寇合贼江一峰、谢爱夫等入安溪，掠掳人口数百去。四十一年春，倭党曾老等屯安溪参洋，民不及种早稻，受害殊甚，始议筑城。万历五年，令俞仲章复以泊岸土薄善崩，更用石砌，筑以护城，长十三丈。二十三年复崩，水且啮城，令章廷训复增筑，长三十三丈，高一丈五尺。四十七年，洪水为灾，城垣圮坏，相继修治增砌泊岸。清顺治十二年四月十一日，邑被郑成功部所陷，城坏。十三年春，令韩晓集官绅士民筑造，度其基周围六百六十余丈有奇，垣连雉堞高二丈一尺，阔一丈八尺，门四，水门二，较旧加壮。十四年，并盖串楼，而墉愈固。康熙年间，令曾之传重修周围城垣。雍正二年，令邱镇修理小东门外泊岸。十年，令蒋廷重修小东门城垣楼堞。乾隆五年，令蓝应袭修大东门城墙。十六年，令周缉

[1]（乾隆）《永春州志》卷四／城池，卷三十四／萑苻。

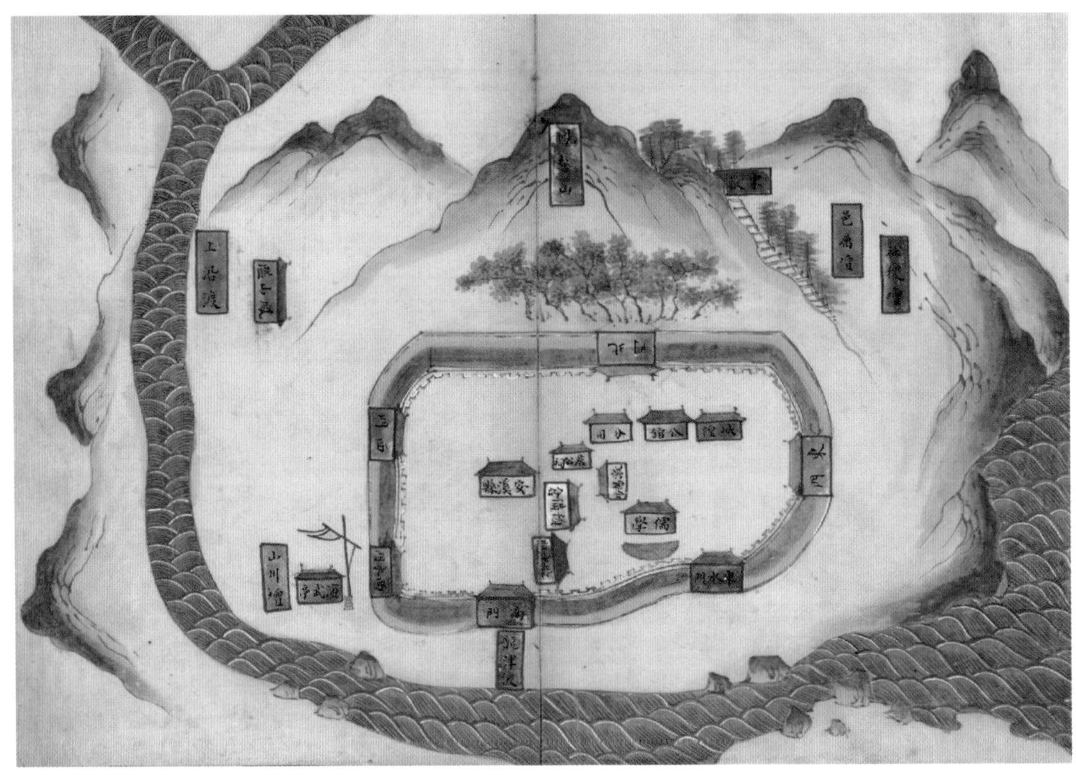

（万历）《泉州府舆地图说》之安溪县

敬修小东门下城垣。十八年，又修大西门城垣。[1]

现今地表已完全没有安溪明代城垣的痕迹了。

19. 惠安城

惠安县始未有城也。城创于明嘉靖三十一年，以倭故也。倭歼浙黄岩，乘胜下闽。巡抚王公忬谓惠宜建城与福清、长乐规模相等。是年十一月始兴工，越年十月竣工。周围九百八十六丈五尺一寸九分，基阔一丈二尺，上阔一丈，高连女墙一丈九尺，雉堞一千八百七十五，内外皆甃以石，为门四。三十七年，倭陷福清长驱薄惠，知县林公咸率士民坚守，城赖以全。三十八年，署县兴化同知李公时芳增筑月城门，各建

[1]（乾隆）《安溪县志》卷一 / 城署。

楼，垣增三尺，又以西北山高俯瞰城中，设敌楼二座，敌台三座。三十九年，知县符公良佶环城浚濠，周围一千三十丈，广三丈，深二丈。四十年，知县陈公玉成浚深，又建窝铺、木望楼共五十座。万历二十四年，知县刘公一阳四面各建敌楼一座，连房一千七百间，延袤城上。三十八年，知县宁公维新再建东、西敌楼二座，南、北敌楼四座。天启三年，知县缪公伯升筑城垣。崇祯十二年，知县李公沾增置东、西炮台各一座。清顺治四年，总兵韩尚亮始筑三马墙，周城千有余丈，高六尺五寸。十一年十二月初四夜，海寇袭城，焚掠倍惨。十二年，知县杨公鹤龄修筑，雉堞合三为二，外窄内宽。康熙三年五月，大雨浃旬，城圮五处，计三百九十丈，知县何公圭如修之。十七年七月初三日，郑成功部攻城，城陷，焚劫杀戮更甚。十月望日重修。二十五年闰四月，复圮于雨，计

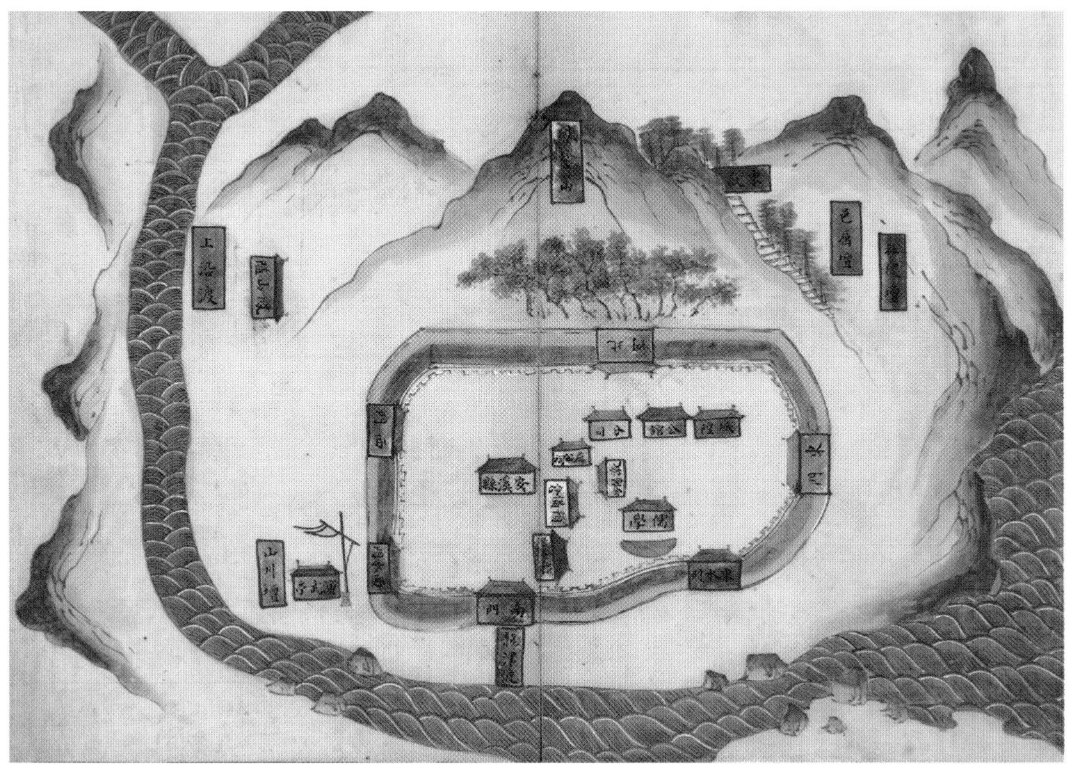

(万历)《泉州府舆地图说》之惠安县

八十余丈，知县钱公济世修筑。乾隆十六年，知县徐公德峻、知县黄公彬相继倡修。[1]

现今地表已完全看不到明代惠安城的痕迹了。

20. 辋川城

辋川城在惠安县治东北十里许（今泉州市惠安县辋川镇）。旧无城，明嘉靖三十七年，倭寇攻惠安，议筑城，与县治犄角。四十一年，知县陈玉成、萧继美先后成之，委生员江赞卿董役。赞卿捐家赀佐费，城乃完。周围七百余丈，高一丈八尺，东、西、南各一门，北小门二，东小门一。[2]清康熙五十六年，总督觉罗满保、巡抚陈瑸修。[3]

今已无存。

21. 泉州府城

泉州自古有城，后衙城、子城俱废，而罗城犹存。明嘉靖三年，门楼、窝铺多坏，知府高越、同知李缉重修。三十七年，倭寇煽乱久，益猖獗。五月初三日，倭四千余至郡城石笋桥，拥众直抵城下，城中固守二十余日，昼夜戒严，百姓走入城中，城门闭数日不开。三十八年三月，倭复寇郡，至石笋桥，燔民居，城中固守，乃从乌石南去。初五日又至石笋桥，初七日焚营边屋。十一日南往安平，不得入，复至郡城南新桥。佥事万民英从桥置门御贼，一时乡兵被贼驱回，与乡民男妇奔赴城者坠死千有余人。贼竟排桥门至车桥，大焚民居直至城下，官军以鸟铳拒之。同年，德济门遇灾，知府熊汝达重建，并修各月城。兵备万民英复建小楼及墙，砌于城北以备倭，后以压断龙脉撤去。三十九年四月，倭寇至车桥，焚屋杀人，直至城下，官军以石拒退。又一支从法石登岸焚

[1]（嘉庆）《惠安县志》卷七 / 城池。

[2]（万历）《泉州府志》卷四 / 规制志上 / 城池。

[3]（嘉庆）《惠安县志》卷七 / 城池。

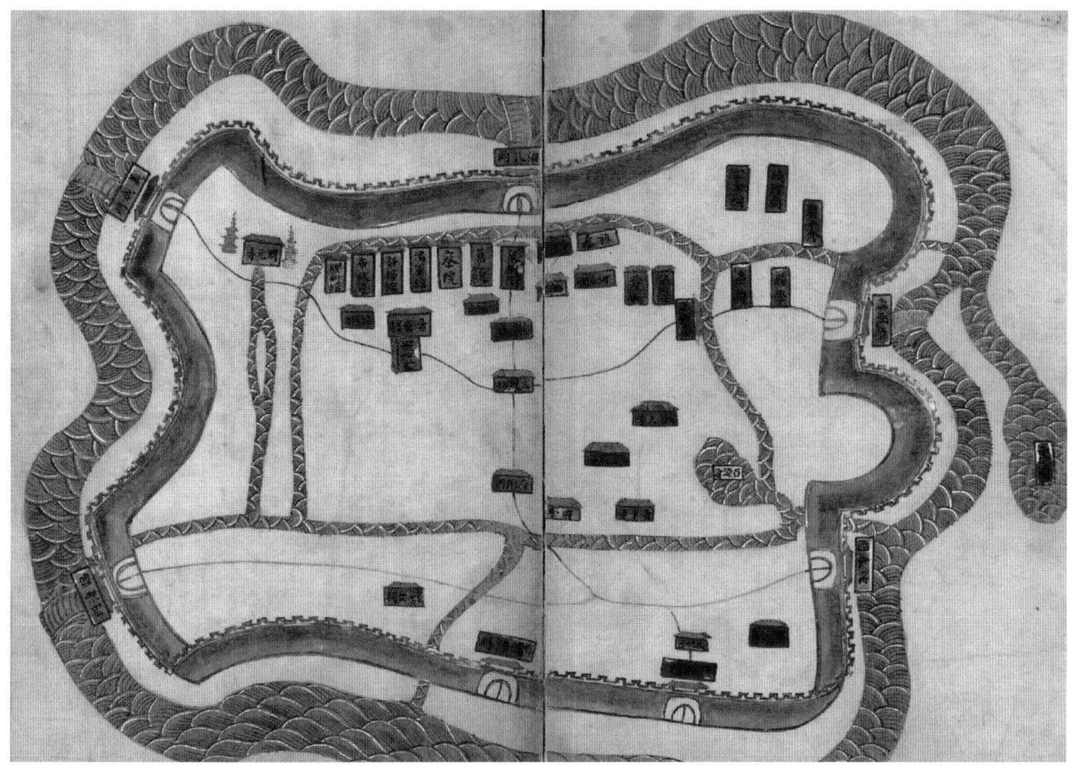

（万历）《泉州府舆地图说》之泉州府

劫，亦至南门城下，焚屋而去。万历三十二年，地震，楼铺、雉堞多圮，副使姚尚德、知府姜志礼复缮治之。城旧有用砖处，至此尽易以石。清顺治十五年，总督李率泰檄各府城依关东式改造，时提督马得功、兴泉道叶灼棠、知府陈秉直改筑堞二千三百一十五，月城堞二百有五。康熙二十七年，海寇围城德济门一带，颇多坍塌，知府张仲举、知县沈朝聘重修。雍正九年，奉旨修葺。[1]

现今泉州明代城墙已全部被拆毁，勉强可算得上明代城池遗迹的是德济门遗址。

[1]（万历）《泉州府志》卷四／规制志／城池，卷二十四／杂志／盗贼类；（乾隆）《泉州府志》卷十一／城池。

22. 南安城

南安县旧无城。明嘉靖三十七年四月，倭四千余攻陷福清县后分二支，一支由清源山前寇南安，陷之。嘉靖三十八年七月至四十年四月，令夏汝砺始甃石为城，为门四，门各有楼，有月城，南月城旧有营房。周七百七十四丈有奇，堞二千二十四，敌楼七，窝铺三十六。四十三年，浚城濠二百余丈，引万石陂水，环城注之。万历二十五年，知县袁崇友增高三丈，四隅建楼。四十五年，知县吴廷谏复增修。崇祯三年冬，知县李九华以洪水倾坏重修。十四年，知县韦克济又增高二尺。清顺治十一年，郑成功堕城。十三年，知县祖泽茂即旧址重建楼如旧。周九百五十九丈，高二丈七尺，敌台六，铳台一百七十有六，堞八百五十有九。康熙四年知县刘翊汉、八年知县刘佑继修。乾隆十一年，知县吴翼祖重修。[1]

现已无存。

（万历）《泉州府舆地图说》之南安县

[1]（万历）《泉州府志》卷四 / 杂志 / 盗贼类；（乾隆）《泉州府志》卷十一 / 城池。

23. 安平镇城

明安平镇宋为安海城。宋绍兴二十六年，海寇奄至，镇官方某筑土城垒石为门备之。明嘉靖三十七年，倭入寇，知府熊汝达檄知县卢仲佃筑城。及半，四月，倭四百余从郡境长坑头登岸由龟湖突至安平，燔掠而去，邑绅柯实卿拆东安桥石筑成之。周一千二十七丈，高一丈三尺，为门四，各有楼，列窝舍，设水关八，岁以千户或县佐一员与民防守，仍拨民兵二十名协守。三十八年三月，倭复寇郡，十一日至安平。时安平城已完守，贼不得入。乃南攻同安，又复至安平城下。隆庆元年，知府万庆增建东、北二敌楼。万历三十五年，议割晋、南、同三邑地置安平县，不果，乃设驻镇馆，移郡倅莅焉。清代为安海汛。雍正七年，总督添设守备一员，后改为都司，并将泉州粮捕通判移驻于此。[1]

（万历）《泉州府舆地图说》之安平镇

[1]（万历）《泉州府志》卷二十四 / 杂志 / 盗贼类；（乾隆）《泉州府志》卷十一 / 城池。

明中顺大夫池州郧阳知府肖海柯先生暨配洪宜人合葬墓志铭

关于安平城的遗产，另有《明中顺大夫池州郧阳知府肖海柯先生暨配洪宜人合葬墓志铭》一方，即后来成为安海城隍神的柯实卿的墓志。其中提到："安海，公之桑梓。人繁无城郭，寇至不保聚，公笃念之。当道使者韪公，议以邑侯怀莘卢公从公相度营建，公略地画址，靡敢违者。淖洼填木以巩石根，时官取材于镇东之麓，请公视材。豪民不逞，官已遁，而公死于木下。公没城成，倭再围再撤去。""公□家居筑城也。邑侯卢公虑费，镇中往往三三两两。公奋笔曰'柯某愿成城□丈'，卢令始破颜一笑。今公所认城七十余年，逾久逾坚。"

现今明代安平镇城已无影无踪。

24. 同安城

同安县自宋时筑城。元末复修。明景泰元年，泉州卫指挥使杨海及主簿蔡麟重修，增高五尺。成化十八年，知县张伋重修。三十三年，倭泊浯屿，掠同安。三十七年五月，倭攻县城，知县徐宗奭拒却之。寇退，徐宗奭增高三尺，西、北各为重门，设窝铺五十有九。明年，大雨城多圮，贼大至。夏，倭攻城，指挥白震、同知李时芳募山中药弩手，选各澳渔民与居民相参防御，署教谕吴金亦率诸生与乡大夫分门共守，贼不得入，

城借以完。后有圮辄葺之，建敌楼十所，先后置贡铳、佛郎机、鸟铳等。四十年正月，倭掠同安，民兵战走之。十二月，倭寇同安，攻南城，维鼎战却之。万历十九年，知县柴尧年浚濠而广之，后以凿伤龙脉不利城居，士绅请于葫芦山后少加培补。二十五年，知县洪世俊增高二尺。后二年稍圮，主簿谢与源督修之，城周围八百四十六丈八尺，高二丈三尺，泊岸八百六十九丈，濠深六尺，阔二丈四尺，堞一千三百九十二，门楼五，浮台四，敌楼一，窝铺一百有八。三十五年雨坏，知县鲍际明重修。天启二年，红毛侵入，知县李灿然始会士绅襄筑炮台十座。崇祯十三年，司李姜应龙署邑篆，鸠工修葺。清顺治年间，郑成功与清军反复争夺，城屡陷。十一年，总兵马进宝、知县梅应魁复完筑，周围八百四十六丈二尺三寸，基阔一丈一尺九寸，垛子并六百七十五，窝铺三十二，炮台四，筑护城垣八百六十九丈，高七尺，濠长一千九十六丈，东、西、南、

（万历）《泉州府舆地图说》之同安县

北门楼四。康熙十七年，城复陷，官民舍毁折无存。署县齐宗孔修筑，增高一尺一寸。康熙五十一年，东、西、南三楼损坏，知县朱奇珍重修。雍正十一年六月，大水崩其东隅，知县胡格修之。乾隆元年，知县唐孝本会集士绅复开西、北门城门依旧。五十七年七月，大水为灾，城不浸者三版，崩其西隅，署县熊定猷修之。二十六年，儒学前城堞复建观澜亭。嘉庆元年，邑绅高以彰改复西、北门原向，盖楼其上，以固防御。二年，东隅临溪城崩，高以彰修筑。三年，高以彰倡疏城濠。光绪十二年，城西北隅坏，知县俞秉焜请拨义仓款修筑之。十六年，濠沟复壅积，知县王金城筹款疏浚之。二十年，蛟自西北来，大水为灾，复崩西北隅。二十七年，西门外大火，西城楼被毁。二十九年，大水崩其隅，廪生余玉书集资修复。民国十五年，奉省令毁城建筑马路。[1]

现明代同安城已无存。

25. 漳州府城

漳州城池，唐五代俱无考。宋初筑土为子城。明师取闽，漳城仍旧，重加修筑，周城为女墙一千五百一十四，各门月城内外并建楼，月城上为女墙，各六十，战楼二十有五，城铺二十有三，水关楼二。正统七年，指挥使杨隆重建西、北内外门楼。天顺五年，东门内外楼为飓风所拔，杨隆重建外楼五间。成化五年，巡抚滕昭檄分巡佥事黄隆重建内楼七间。十四年，西水关楼坏，指挥王景重建。城东南趾旧筑土堤以捍溪流，然潦至辄坏。九年，巡抚张瑄命作石堤，城趾始固。十八年，知府姜谅甃筑外堤，高一丈三尺，长一百余丈，广一十丈，作亭其上。弘治十四年，指挥同知侯汴于城西北隅建威镇亭，据登高山之上。正德间，城渐圮，知府陈洪谟重葺。嘉靖二十五年及二十八年，知府顾四科、卢璧先后修筑。隆庆元年，知府唐九德以城北山后地僻，修窝铺三间，令

[1]（民国）《同安县志》卷三 / 大事记 / 兵警，卷六 / 城市（都图墟镇附）。

百户一员守之。五年，知府罗青霄、同知罗拱辰重修各城垣敌台二十一座及四门月城，又于巽方撤旧楼改建八角楼。先是嘉靖三十二年，因地方有警知府李侨虑以各城水闸疏虞，创用铁柱置闸口，于是城河淤塞潮水不通。隆庆六年，知府罗青霄乃命撤去铁柱，复令沿河居民挑浚，潮水复通，舟楫无阻，仍命百户一员司启闭，百姓便之。万历十九年，南城楼遇灾，推官龙文明重修。清顺治十二年，郑成功堕城，悉载所砌石投之海中。十三年，再筑城，周围一千九百七十一丈一尺，垛口一千零二十有四，窝铺七十七间，四门各筑城楼。康熙八年，于城上增设火药局。十年，修筑东门楼。三十六年，修筑南城楼。五十年，修葺圮废窝铺。雍正十年，建北门楼，次年并修外楼。乾隆年间，多有修葺。[1]

虽然，明代漳州地区倭警频频，但漳州府城并未直接受到倭寇攻击。到如今明代漳州府城已无迹可寻。

26. 海澄城

海澄，旧名月港。明嘉靖二十八年，倭寇驾舡扬航直抵月港安边馆，漳有倭患自此始。三十六年，因地方寇乱，军门阮鹗令民筑土堡，议合八、九、二都共围一城，跨溪为桥，筑垣其上，委通判汪铨督民筑灰土垣，内外厚一丈有奇，高一丈八尺，马道覆石板，外环河阔二丈，已颇就绪。三十七年五月，贼舶有由沧泉奄至月港者，焚九都室庐殆尽，夺舟出海。三十八年正月，倭寇由岛尾渡浮宫直抵月港，夺舡散劫八、九都等处。三月，由东厝岭抵月港八、九都，修城之举遂辍。继以土恶煽乱，返据为穴。隆庆元年，设县。四年，知府罗青霄议撤草坂堡缩入，又于东边拓地若干，砌以石。始于隆庆五年十一月，讫工于六年八月。周围长五百二十二丈，高二丈一尺，月城三，窝铺一十有二，垛口二千四十有五，辟门四。万历六年，知县周祚改修。十年，知县瞿寅改修。二十三

[1]（光绪）《漳州府志》卷五／规制上／城池。

年，知县毛鸣凤议仍旧制增高三尺。天启二年，知县刘斯来筑东北一关。清顺治九年正月，郑成功据城，增设炮台一座，复设月城于东、南二门，仍于四城增筑圆台五处安置炮位，又扩腰城自中权关，袤亘十余里。康熙二十七年，知县胡鼎建改修。四十一年，知县陈世仪重建晏海楼。乾隆年间断续有修葺。[1]

现地表已无明代海澄城痕迹。

27. 圭屿城

圭屿城位于今厦门市海沧圭屿。明隆庆间，郡丞罗拱宸为城。后势豪驱石以缮私城，远近为之浩慨。万历四十五年四月，经福建参政、分守漳南道洪世俊向漳州郡司李萧基、县令傅槐等人提议，鸠工兴建，四十六年二月告成。城广二百余丈，高丈有五尺，置兵二百三十人，材官二人统之。后以材官不戒，为贼所袭，兹屿遂荒。至清代城已久废。[2]

现已不存。

28. 长泰城

长泰，宋元时惟土墙土城。至明，砌以石，建楼凿濠，岁久而坏。正德十五年，令朱弦易石砌，大举而新之，周围缩为九百九十一丈五尺，濒溪者高一丈五尺，负山者高一丈三尺，上为女墙，东临溪，南浚濠，西、北因山为堑，内为马道，下为路，窝铺、门楼悉备。嘉靖三十三年，令陈塘复修东南内道，四门窝铺各增其一，未久复坏。三十五年，令萧廷宣增筑内外各高三尺，周围共一千二百九十八垛，添设窝铺一十七座，始创敌楼一十六座，筑灰道，砌石级，浚城濠。三十八年三月，倭寇三千余人突入善化里地方焚劫。四月，倭万余人逼城，知县萧廷宣率众固守，

[1]（光绪）《漳州府志》卷五／规制上／城池。

[2]（崇祯）《海澄县志》卷一／舆地志／建置／山；（乾隆）《海澄县志》卷二十三／艺文志／记／圭屿建城设兵记；（光绪）《漳州府志》卷二十二／兵纪上／城堡关隘／海澄县。

城赖以全。三十九年三月，倭寇千余突入高安等地方焚劫。十二月，入旌孝里等地方。四十年三月，倭寇二千人入人和里董溪头、京园等地方焚劫。四月，倭寇二千余人入石铭里塔兜、洋山等处屯住三十余日。五月，至人和里，乡兵死者二十余人。万历二年，雨水暴涨，东门楼及东南城一带坏，令张应丁修之。十年，积雨城坏尤多，令方应时修之。十九年，复坏，令蒋良鼎修。三十一年，令管公橘复修。清顺治十二年，令柴允重修，以防不虞。乾隆十四年，令张懋建重修，凡一千二百九十八垛，增高一尺，砌以石，周围鼎新。[1]

长泰明代城墙的痕迹现已完全消失。

29. 漳浦城

漳浦，旧无城。元至正十二年，达鲁花赤买撒都剌砌石为城，甃以砖。周七里，高丈有二尺，为门四，俱楼焉。环城浚濠，深三尺，广丈许。明正德五年，知县胥文相为窝铺二十三所。七年，城圮，知县刘桐新而筑之，广以丈计，凡一千一百七十三。嘉靖六年，知县周仲更于城内上下为马道以通行者。嘉靖三十六年，倭寇六都。三十七年五月，倭寇盘陀水港，复移寇长桥。三十七年，以防倭故，知县刘钦命尽堕旧城垣，更筑之。下石上砖，崇于旧，凡四尺许，恢四门，更作四瓮城，另水门二。周一千一百九十八丈，为垛一千七百八十二，窝铺二十四。三十八年二月，倭寇县郊，驻溪南。十一月，倭寇麦园埔。三十九年四月，倭驻峰山，纵掠溪南，复移驻无象铺。四十年五月，倭入屿头月余。四十一年，知县龙雨为敌台十有六座，更于南、北郭外中逵为高楼各一。四十三年二月，倭入八都汤坑、蔡陂，总兵戚继光攻之，斩首数百级。万历中，马道颓塌，知县朱廷益更筑之，易土为灰，砌以石。清顺治十二年，毁。十三年，更筑，城高二丈，周围一千七百九十八丈，垛

[1]（乾隆）《长泰县志》卷一／舆地志／城池，卷十二／杂志／兵燹。

一千九百五十有二，减窝铺二，增敌楼二，复筑台于城之西北。十五年，加建女城于城之四周。康熙三十三年，令通邑里坊修筑周城之倾圮者，颇完固。[1]

明代漳浦城现已消失。

30. 云霄镇城

云霄，明时为镇。明正德间寇起，当事议筑城，以功力浩大不果，乡民吴子霖鸠众自设城堑，为捍御计，未几毁。嘉靖五年，筑城周八百二十有五丈，高丈有八尺，址累层石，末甃以砖。三十五年十月，倭寇自云霄登岸，屯住后江头土城。三十六年，倭寇六都。三十八年，有倭寇数千自潮州掠云霄。三十九年，饶贼袭陷，城中为墟，继以倭乱频仍，人情骇恇。隆庆六年，知府罗青霄、同知罗拱辰增卑为高，更于南、北、西三门各筑瓮城，为楼其上，穴其下垣通矢石。万历四十年，城倾圮，通判吕继梗重修。清顺治元年，城复倾圮。十七年，总督李率泰调九县丁夫修筑，制视前稍狭。城计七百余丈，城楼四座，窝铺百间，外筑腰城，东、南浚河，西、北倚山者堑之，辟四门。岁久倾圮，知县陈汝咸以镇城原系十县画界分筑，载在前志，请仍旧例不允，乃捐俸修葺，康熙四十三年竣工。四十六年，大水冲崩四十九丈，窝铺、马道倒塌大半。五十年，知县汪绅文捐俸再修。民国时拆除，时西北角一小段雉堞尚完。[2]

现今明代云霄镇城已痕迹全无。

31. 诏安城

诏安，元至正十四年时，砌筑有石城，周六百四十五丈，高一丈二

[1]（康熙）《漳浦县志》卷十一／兵防志／萑苻；（光绪）《漳浦县志》卷五／建置志／城池。

[2]（嘉庆）《云霄厅志》卷十九／灾祥／寇乱；（民国）《云霄县志》卷十／政治三／建设／城池。

尺。明初，置为把截所，寻罢。正统十四年，漳寇攻城，众力御之，既而潮兵救至，城赖以全。弘治十七年，调南诏守御千户所始，拓城西偏而广之，砌以石，周一千三百六十丈，高一丈六尺。嘉靖九年，设县，遂为县城。十二年、二十八年皆重修。三十五年，有倭寇自漳浦地方登岸，屯住诏安及六都后江头土城，焚掠无计。三十六年十二月，有倭船自澄海界登岸，袭陷黄岗土城，劫掠诏安。三十七年，增高城垣三尺，设垛子九百六十二，筑东、西、南门月城，敌台五座，虚台一座，窝铺八座，浚濠深阔各二丈。三十七年三月，倭寇数百人自潮州突至三都径尾村屯聚，五月，倭劫五都东坑口土楼，杀掠男妇五十余口。十二月，倭由四都至县治四关外，烧毁房屋二百余间，杀死男妇一百余口，又连劫港西土楼，杀掠五十余口。百户邓继忠督兵与倭遇于深田隘，擒其从陈来成等四人，斩真倭首级二颗。三十八年二月，倭寇数千自潮州来屯，住西潭村，烧毁房屋一百五十七间，掳掠男妇九十口，杀死四十三人，又攻破岑头土围，烧屋杀人无计。四十年二月，倭寇突至县北门外，掳掠男妇以去。后总兵俞大猷督师剿捕，副千户许瀚斩其伪将詹总兵等，贼锋披靡，瀚论功升钦依铜山寨把总。倭寇屯住溪东村，突至西关外，烧屋杀人。三月，倭寇数千屯住三都土桥等处，知县龚有成召民兵与战，被杀死六十余人。自三月至五月，驻扎东关外，分伙焚劫。十月，倭屯下美村围后溪寨，知县龚有成发鸟铳手助之死守，二十日围解。四十一年十月，倭寇数千攻围本县木栅，知县龚有成御退之。四十二年，加筑外城，周围一千二百余丈，又筑西关城三百余丈。四十三年，倭突劫点灯山、白叶洞等处，百户邓继忠讨之，擒倭。又有流倭突至金溪东西沉等地方，千户张凤□督兵剿御，擒真倭四人，通事一人，又斩倭贼首级四颗。崇祯八年，清浚拆濠合，潮水复通。十年，复增城浚濠。[1]

现明代诏安城已无迹可寻。

---

[1]（康熙）《诏安县志》卷四 / 建置志 / 城池。

二、民间修造的堡寨

明代，因为倭患，民间自发修筑了大量堡寨。虽时过境迁，存留至今的民间抗倭堡寨数量还有不少，但已难以与文献中所载堡寨一一对应。

（一）福宁州辖区

据（万历）《福宁州志》记载，明代福宁州辖区内乡堡为数众多，有松山堡、赤岸堡、三沙堡、牙里堡、横山堡、云阳堡、潋村堡、才里堡、才外堡、秦屿堡、屯头堡、黄崎堡、水屿堡、澳腰堡、钓澳堡、南镇上澳堡、下澳堡、甘家崎堡、屿前堡、店下堡、沙埕堡、巽城堡、小村堡、流江堡、南崎堡、前崎堡、蔡江堡、窝口堡、桐山堡、塘底堡、藤屿堡、东安新堡、南屏堡、沙埕东西堡、古县沙塘堡、上洋堡、下村堡、蚶澳堡、洪江堡、渔洋堡、武曲堡、传胪堡、小麻堡、厚首堡、武岐澳堡、长溪堡、积石堡、罗湖堡、闾峡堡、棠源堡、竹屿堡、霞江堡、涂湾堡、长边堡、文星平堡、下浒堡、塘头堡、赤崎堡、廉村堡、三塘堡、麂湾堡、黄崎镇堡、苏洋堡等。[1] 现择其重要者加以介绍。

1. 桐山堡

桐山，元代设巡检司，但未建城。明洪武间，巡检司徙水澳。嘉靖末年，又由芦门迁回桐山，[2] 寄于嘉靖三十八年乡人高姓所筑以备倭

[1]（万历）《福宁州志》卷三 / 建置志 / 城池 / 乡堡。

[2]（万历）《福宁州志》卷五 / 兵戎志上 / 古巡检司 / 桐山。

之石堡。[1]清初，设汛官备防，由旧堡补葺。康熙八年，总兵吴万福奉文拨帑缮筑，设游守，调八府兵以实之，置桐山营。乾隆四年，于桐山营地置福鼎县，即旧堡为城。其城计二里许，周四百八十三丈六尺，高一丈五尺，厚一丈有奇，加女墙五尺，建敌楼、炮台各四，垛三百三十，外有走马路。康熙五十六年，城圮，总督觉罗满保、巡抚陈瑸、藩司石沙木哈捐俸重修。乾隆四年，东隅圮，知县傅维祖复葺。十六年，潦坏东城隅。十九年又潦坏，知县高琦、何翰南先后修筑。续小南门暨西城又圮，知县萧克昌重修。[2]咸丰十一年，复遭平阳金钱会之乱，焚掠一空，几成丘墟。同治二年，前县令陈培桂率士绅重建，计城厚一丈有奇，高四寻，周围六百余丈，建敌楼、炮台各四，垛三百三十，门四。[3]

由以上记载可知，清代时因桐山变为福鼎县治，城池彻底重修过数次，已经没有明代巡检司城的痕迹了。到清末、民国时期，县城也逐渐被毁坏，城墙逐段被拆毁。1938 年，桐山旧城墙开始拆除，遗址辟为环城路，为新街、后街。到 20 世纪 70 年代，实验小学到北市场一段城墙被拆毁，即告桐山古城墙全部拆除。

值得一提的是，嘉靖三十一年九月十一日，桐山有倭警，其时桐山堡尚未筑，倭船入港，桐山高家诸义士率乡勇在金鱼塘、马道口等处埋伏，倭寇一船载六七十人前来，抵达栅门时，看见两岸民众有备，便掉头而去，民众于是拔阵而回，不料倭寇杀了个回马枪，率数十船只直入栅门，桐山高家义士率众奋勇迎战，最终击退了倭寇。[4]

---

[1]（万历）《福宁州志》卷三 / 建置志 / 城池 / 乡堡 / 州 / 桐山堡；（嘉庆）《福鼎县志》卷一 / 城池。

[2]（嘉庆）《福鼎县志》卷一 / 城池。

[3]（光绪）《福鼎县乡土志》地理 / 福建乡土总编 / 县城附。

[4]《桐山高氏族谱》，转引自《福鼎史话》，151 页。

2. 溦村堡

溦村堡位于福鼎市秦屿镇溦城村。明嘉靖间，叶、杨、王、刘等姓分段兴筑，为乡堡，其时名溦村堡。后村改称溦城，故堡亦改称溦城堡。乾隆初年，徙杨家溪巡检驻此。周围三百三十八丈，高一丈七尺，厚一丈四尺，门三。[1]

现存城堡以花岗岩为主，杂鹅卵石、青石等，周长1127米，平面似方形。城墙高5–6米，宽4–5米。原设有四座炮台，现仅存北门炮台一座，炮台面阔9米，进深7米，高6.3米。全城设东、西、南三个城门，城内有由青石板铺成的环城路。东门外城墙上镶嵌有清康熙四十七年重修蓝溪东门桥碑一通，花岗岩质地；东门内有泗洲文佛石室一座，青石质地；南门外5米处有明正统二年重造六面经幢一座，花岗岩质地；西门内10米有七宝塔一座，花岗岩质地。2006年，由于“桑美”台风侵袭，多处墙体倒塌；加上年久失修，墙上杂草丛生。近年有所改观。

溦村堡遗址航拍图

[1]（万历）《福宁州志》卷三 / 建置志 / 城池 / 乡堡 / 州；（嘉庆）《福鼎县志》卷一 / 城池。

湓村堡城南门

3. 秦屿堡

明嘉靖十七年，海贼掠秦屿，土官陈登倡建土堡。三十五年十月，倭万余攻秦屿堡，里人程伯简率众御之，七昼夜不克，伯简死城上。三十七年四月，倭攻秦屿堡不克。秦屿堡抗倭的成功，激发了沿海各地修建土堡的热潮。后筼筜巡检司迁至秦屿。万历四十六年，巡检张绘重修。门七，周七百六十丈，高二丈五尺，厚一丈二尺，敌楼、炮台各四，垛口三百零五，高六尺。[1]

现秦屿堡已被完全拆除。

4. 玉塘堡

玉塘堡位于福鼎市桐城街道玉塘村，据《夏氏族谱》记载：明嘉靖三十九年为抗倭御寇而筑。平面呈方形，北侧顺山势突出，南沿海边环

玉塘堡南门遗址

[1]（万历）《福宁州志》卷三／建置志／城池／乡堡／州，卷十六／杂事志下／时事，卷十四／艺文志下／记类／赤岸堡记；（嘉庆）《福鼎县志》卷一／城池，卷七／杂记。

绕，城墙为花岗岩石砌成，总长874米，高3.6米，厚3米，有东、西、南三门。西门和南门为拱形，高3.5米，宽3.1米，深2.6米。东门为长方形，高3米，宽1.7米，深1.7米。

由于受到强台风的侵袭，加上人们的生产生活活动以及年久失修，玉塘堡女墙已全部毁坏，部分已被改建。

5. 双华堡

双华堡位于福鼎市佳阳畲族乡双华村，建于明代，用以抗倭。依山而建，平面呈横线形东西走向，南面开两门，古城墙由花岗岩石块砌成。总长约300米，占地面积13000平方米。村口南城门顶为半圆形，高2.3米，宽1.7米，上厚2米，下厚1.5米，城墙高2.8米。村尾南城门高2.8米，宽1.9米，下厚1.3米，跑马道宽70厘米，城门前有花岗岩石块铺成的小路，环绕城墙。

保存状况一般。

双华堡南门遗址

6. 关盘堡

关盘堡位于福鼎市店下镇阮洋村关盘自然村。据福鼎史料记载，明嘉靖三十八年，乡人筑石堡以备倭。平面呈方形，城堡现已被新修公路拦腰截断，残长约为 160 米。仅存一东南门，高 3.5 米，宽 1.7 米，深 2 米。

关盘堡堡门遗址

屯头堡遗址航拍图

7. **屯头堡**

屯头堡位于福鼎市秦屿镇屯头村内。据屯头《黄氏宗谱》记载，始建于明嘉靖二十三年。花岗岩石构，平面略呈梯形，总长 550 米，占地面积 15000 平方米。古城墙开北、西两个门。城墙内高 1.8 米，外高 2.4 米。

北门高 3.1 米，宽 2 米，深 2.57 米。西门高 3.85 米，宽 2.53 米，深 2.58 米，门为半圆顶，花岗岩石块构成，门梁石长 25-50 厘米，高 15-25 厘米，厚 33 厘米。

屯头堡北门遗址

玉岐堡东门遗址

8. 玉岐堡

玉岐堡位于福鼎市龙安开发区玉岐村玉岐自然村。据福鼎史料记载，为明代抗倭御寇而筑。城堡依山而建，平面略呈三角形，周长 700 米，占地面积 3669.35 平方米。城堡由花岗岩石块砌成，开东、北、南三个门，现仅存北门和南门。北门高 3 米，宽 2.3 米，深 3 米；南门高 2.1 米，宽 1.6 米，深 2.4 米；城墙长 1.5–2 米，高 3.5–6 米，厚 2 米。

9. 上城堡

上城堡位于福鼎市沙埕镇黄岐村上城自然村内。根据《福鼎县志》记载，建于明代，为抗击倭寇时建。上城堡平面呈椭圆形，占地面积 2000 平方米。现遗留城垣近百米，依山而走，大部分已经被拆除，有城门，上无拱门，城墙石构。城堡东门宽 1.2 米，深 6.6 米。

上城堡堡门遗址

10. 南镇堡

南镇堡位于福鼎市沙埕镇南镇村内岙，为明代御倭古城。坐北向南，平面近似梯形，现存城垣百余米，仅存一南门，门为花岗岩石构，高3.7米，宽1.5米，深3.4米。据当地知情的老人介绍，过去共有四个城门，其余城墙和城门在村建过程中已被拆除。

南镇堡堡门遗址

11. 官城尾堡

官城尾堡位于福鼎市沙埕镇官城尾村官城自然村。城堡北顺山势，南沿海边环绕，始建于明代，为抗倭而筑。城堡由花岗岩石块砌成，平面呈梯形，北侧依山而建，周长450米，占地面积13000平方米。原开东、南、西、北四门，现仅存一东门，为方形，高4.15米，宽1.75米，深1.15米，城墙大部分已毁。

官城尾堡堡门遗址

12. **石兰堡**

石兰堡位于福鼎市硖门乡秦石村石兰自然村双狮山后脊，依山而建，平面略似梯形。根据石兰《邓氏宗谱》记载，始建于明代，为抗倭而筑。城堡为花岗岩石砌成，周长1200米，占地面积37000平方米。城堡仅存北门，高2.75米，宽1.7米，深5.65米。

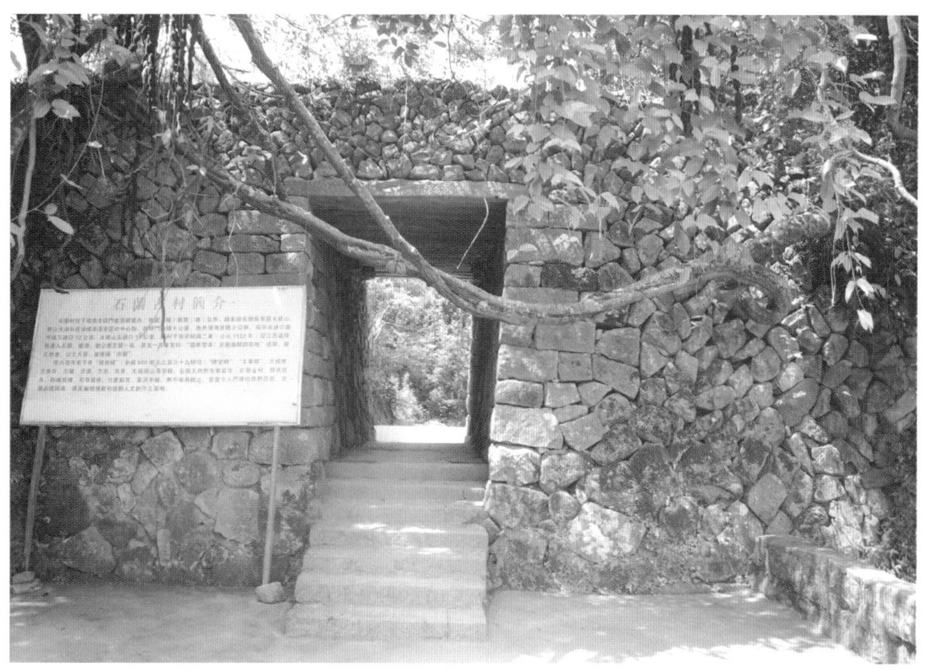

石兰堡北门遗址

13. 古县堡

古县堡坐落在宁德市霞浦县沙江镇古县村。明嘉靖十七年七月二十九日，海寇流劫古县，渠魁为虎所伤，始辟易登舟遁去。三十一年，倭百余掠古县，福宁卫右所正千户吴清往征，生擒贼首冯春、陈干六等，但贼势猖獗，力不能支，死之。据当地史料称，嘉靖三十四年建堡。四周城墙用毛石砌成，平面呈椭圆形。现存堡墙长 1050 米，高 4 米，基宽 5 米，顶宽 3.5 米，占地面积 5250 平方米。原城堡东、西、南、北各设一方形城门，现仅存西、北两门。[1]

古县堡遗址航拍图

[1]（万历）《福宁州志》卷六 / 兵戎志下 / 福宁卫右所正千户，卷十六 / 杂事志下 / 时事。

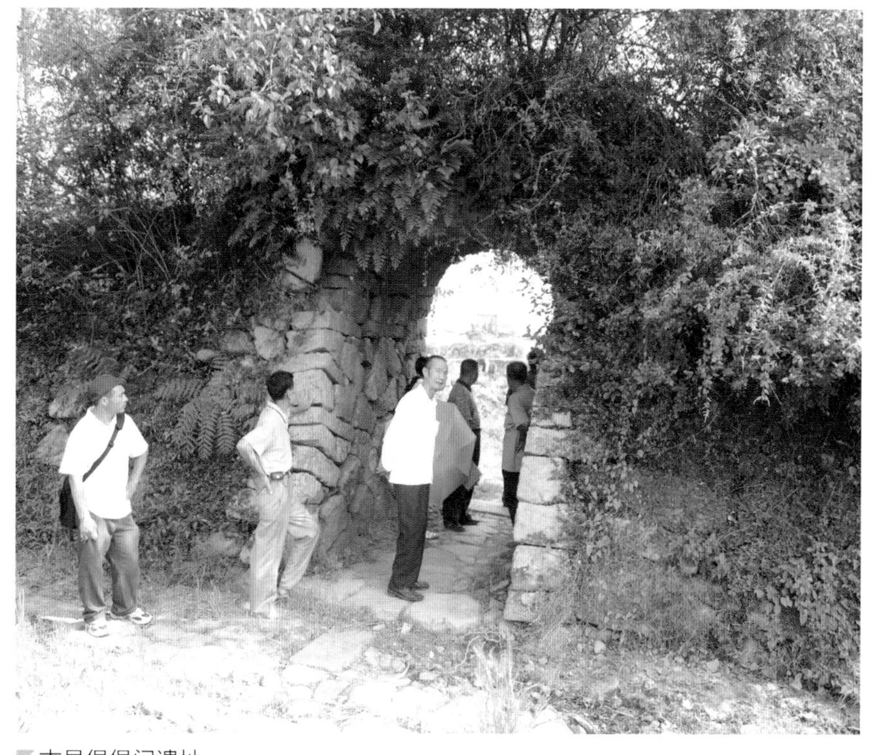

古县堡堡门遗址

14. 闾峡堡

闾峡堡位于宁德市霞浦县长春镇闾峡村，明嘉靖年间建堡。三十五年十二月，倭攻闾峡堡，不克。闾峡堡和秦屿堡抵御倭寇的成功，大大激发了沿海民众修建堡垒的热情。后因人烟稠密，闾峡在原来修建的堡垒（称为旧堡）东边拓地复筑一堡，曰新堡。[1]

现存城墙石砌，长 1780 米，高 5 米，基宽 5.2 米，顶宽 3.6 米。东、西、南、北各设一城门。南门为卷顶门，高 2.2 米，宽 1.6 米，沿门 15 级台阶与旧街相接。西城门内方外圆，呈凸字形，高 3 米，宽 2 米。

[1]（万历）《福宁州志》卷十四 / 艺文志下 / 记类 / 赤岸堡记，卷十六 / 杂事志下 / 时事；（民国）《霞浦县志》卷六 / 城市志 / 城池 / 附土堡。

闾峡堡城墙遗址

厚首堡东门遗址

15. 厚首堡

厚首堡又称临江堡，位于宁德市霞浦县沙江镇厚首村，是在嘉靖三十五年倭寇攻打秦屿堡和闾峡堡失利后，沿海兴起的修筑城堡的热潮中兴建的。[1]清咸丰三年重修。[2]

现存城堡平面呈长方形，堡墙石砌，长 1192 米，高 4.5 米，基宽 5.5 米，顶宽 3.6 米，占地面积 7127 平方米。东、西、南各设一城门，西门为双重门。城内保存清咸丰年间修城碑，东、北两门均高 2.66 米，宽 1.5 米，西门高 2.2 米，宽 1.5 米，城门外为条石砌成，内用砖砌。

16. 八堡堡

八堡堡位于宁德市霞浦县沙江镇八堡村，始建于明嘉靖年间，清同治四年重修。现存城堡周长 421 米，乱毛石干砌而成，有东、西两个城

八堡堡遗址

[1]（万历）《福宁州志》卷十四 / 艺文志下 / 记类 / 赤岸堡记。

[2] 据现存咸丰三年重修碑。碑文摘录：“粤自明嘉靖肆年海寇凭陵，沿海均被蹂躏，时奉宪与邻村三十六土堡并建。周围完固，基址依然。想前人开创此堡者，诚万年勿坏之丕基……咸丰叁年陆月间倏遭水患……蒙邑侯出示晓谕补筑修葺，乡人踊跃鸠资兴工。”

门。其中西城门为双重门，上有望孔，高 2.5 米，宽 1.6 米，深 4 米。东城门高 2.5 米，宽 2 米，深 4 米，门上有一石碑，上面书写“东门／同治四年岁次乙年重修”。

17. 小马堡

小马堡位于宁德市霞浦县沙江镇小马村，兴建于明代。现存城堡呈楔形，俗称“粪箕嘴”。城周长 1128 米，基宽 5.5 米，顶宽 3.5 米。整座城有东、西、南三处城门，南门为圆形方块石干砌，通高 3.3 米，内门高 3 米，宽 1.9 米，深 1.5 米。西门为长方形，高 1.75 米，宽 1.25 米，深 1.6 米。南面城墙处有护城河 213 米，河面宽 6 米，深 1.5 米。1968 年因建设小马油厂，城墙被拆毁 359 米，石料充作基建用料。

小马堡遗址

18. **龙湾堡**

龙湾堡位于宁德市霞浦县沙江镇龙湾村，建于明代。现存城堡四周城墙用毛石砌成，平面呈椭圆形。堡墙长1012米，高3.5米，基宽4.5米，顶宽4米，占地面积1131平方米。东、西、南、北各设一方形城门。

龙湾堡遗址

19. **上岐堡**

上岐堡位于宁德市霞浦县北壁乡上岐村，始建于明嘉靖年间。坐西向东，堡墙依山石砌，长480米，高4米。东、西、南各设一城门，均为方形。目前仅保留东城门一处和北段部分城墙，城门用条石砌成。20世纪90年代重修。

上岐堡遗址

20. 下岐堡

下岐堡位于宁德市霞浦县北壁乡下岐村，始建于明嘉靖年间，据称曾被倭寇攻破城堡。城堡仅剩北边靠山顶一段长 87 米用乱毛石干砌而成的城墙和用条石砌成的南门城门一个。城墙通高 6.5 米，基宽 5.5 米，顶宽 1.5 米。城门高 2 米，宽 2.2 米，深 1.78 米。

下岐堡遗址

21. 北壁堡

北壁堡位于宁德市霞浦县北壁乡北壁村，始建于明嘉靖年间。坐西向东，堡墙依山石砌，长 430 米，高 4 米。东、西、南各设一城门，均为方形。

北壁堡遗址

22. 文洋堡

文洋堡位于宁德市霞浦县牙城镇文洋村，始建于明代，是建在山区的城堡之一。城呈半月式，堡墙长 560 米，占地面积 17584 平方米，城墙高 4.1 米，基宽 4.5 米，垛宽 60 厘米，城墙顶上百分之七十长满杂树。有南、北对称城门，北门为拱形，通高 3.8 米，内门高 2.2 米，宽 3.1 米，为城堡正门。南门为长方形，高 2.1 米，宽 1.1 米。

文洋堡南门遗址

23. 武曲堡

武曲堡位于宁德市霞浦县长春镇武曲村，明嘉靖年间建。平面呈方形，堡墙石砌，长 690 米，高 5 米，基宽 6 米，顶宽 3.5 米。东、西、南各设一城门。西城墙上有一石刻虎，高 1.6 米。

24. 积石堡

积石堡位于宁德市霞浦县长春镇积石村，明嘉靖年间建。堡墙长 805 米，高 4 米，基宽 5 米，顶宽 3.5 米，占地面积 26174 平方米。整座城堡外墙为毛石干砌，内墙为碎石片砌筑。有三处城门，分别为南、西、北门，均深 8 米，门外宽 1.7 米，内宽 2.5 米，中则为上下墩，嵌门槛，门内高 3 米，门顶用条石覆盖，每处城门左右设有台阶，每级台阶长 1.3 米，宽 1.5 米。

武曲堡南门遗址

积石堡遗址

25. **传胪堡**

传胪堡位于宁德市霞浦县长春镇传胪村，明嘉靖年间建，万历年间重修，1987 年修葺东城门。平面呈方形，堡墙为乱毛石垒砌，长 640 米，高 4 米，基宽 5 米，顶宽 3.5 米。东、西、南各设一城门，方石砌垒。南门于 1988 年重修，高 5 米，宽 2.5 米，门外圆内方，城门额上刻有“皇明方伯里”，楷书体。西城门称作阜成门，因濒于倒塌，2003 年村民自筹资金重修，顶部为半圆形，门高 3.2 米，宽 2.4 米。

传胪堡东门遗址

26. **文岐堡**

文岐堡位于宁德市霞浦县长春镇文岐村，始建于明嘉靖年间。堡墙周长 590 米，基宽 5.5 米，其余均以山岭、岛屿作屏障，高达 12–20 米不等，东北连接山体处有一段城墙，高 10 米，残高 4 米。建有北城门一处，1985 年重修，城门拱形，通高 4.58 米，内门高 3.78 米，宽 2.58 米，深 3.45 米，方块石砌成，门额上镶嵌石刻“文岐城”三字。

文岐堡北门遗址

27. **长溪堡**

长溪堡位于宁德市霞浦县长春镇长溪村，始建于明嘉靖年间。堡墙长 520 米，残高 3.5 米，最宽处 6 米，顶宽 2.9 米。乱毛石干砌而成，有西、南两城门，南门外窄内宽，外宽 1.58 米，内宽 2.45 米，深 6 米，高 2.39 米。

长溪堡西门遗址

28. 文星明堡

文星明堡位于宁德市霞浦县下浒镇文星明村，始建于明嘉靖年间。堡墙依山石砌，现仅保留东、南两城门和残墙 122 米。南门呈长方形，高 2.1 米，宽 1.5 米，中嵌石门槛，高 45 厘米，城门内外为台阶。

29. 外浒堡

外浒堡位于宁德市霞浦县下浒镇外浒村，明嘉靖年间建，历代有重修。平面呈椭圆形，堡墙由鹅卵石、块石垒砌，长 668 米，高 6 米，基宽 5.5 米，顶宽 3.6 米，城堡上保存有走马道，宽约 2 米。4 个城门，东、北两门为长方形，西、南两门为拱形。

文星明堡南门遗址

外浒堡西门遗址

长兴堡遗址

30. 长兴堡

长兴堡位于宁德市霞浦县溪南镇长兴村，始建于明嘉靖年间。坐东向西，堡墙依山石砌，长 538 米，高 4 米。原东、西、南各设一城门，均为方形。

31. 长腰堡

长腰堡位于宁德市霞浦县溪南镇长腰村，始建于明嘉靖年间。坐南朝北，堡墙依山石砌，长 292 米，高 4 米。原东、西、北各设一城门，均为方形。

长腰堡遗址

32. 赤岸堡

赤岸堡位于宁德市霞浦县赤岸镇赤岸村。旧无城，明嘉靖三十五年十二月，分巡建宁道佥事舒春芳督兵战倭于赤岸桥，师溃。[1]嘉靖四十二年正月，兴工修建城堡，落成于四月，周围三百二十丈，高二丈，趾厚视高加二尺，门四，敌楼二。[2]现已不存。

33. 东安新堡

东安新堡与柘洋巡检司城隔溪。明嘉靖三十八年，军门刘焘、分巡

---

[1]（万历）《福宁州志》卷十六 / 杂事志下 / 时事。

[2]（万历）《福宁州志》卷十四 / 艺文志下 / 记类 / 赤岸堡记。

东安新堡遗址航拍图

东安新堡北门沿溪堡墙遗址

舒春芳命筑，官给银一百两。[1] 俗称“上城”。堡墙用毛石砌造，长910米，高4.1米，基厚4.5米，上筑女儿墙。东、南、西、北分设迎龙门、仁寿门、登龙门、衣锦门。1976年后，因城市建设需要，城墙被拆除三分之一多。1997年修衣锦门和北段城墙。现存堡墙566.2米。

34. 廉村堡

廉村堡位于福安市溪潭镇廉村。始建于明嘉靖三十九年，为抵御倭寇而筑。城堡略呈椭圆形，堡墙长约1200米，现存850米。堡墙内部用土夯筑，外部用乱毛石和鹅卵石垒砌。基宽约4米，顶宽约2米，残高约3米。东、西各有三个门，东向靠北的两个门保存较好，用长方形块石一顺一丁叠砌，条石券顶。

35. 三塘堡

三塘堡位于福安市甘棠镇。明嘉靖三十八年，倭攻福安，乡民离散。

[1]（万历）《福宁州志》卷三 / 建置志。

廉村堡遗址航拍图

廉村堡东门遗址

知县卢仲佃檄谕三塘百姓筑堡自卫，民感其德，因更三塘之名为甘棠。周围四百七十五丈。[1]

（二）福州府辖区

1. 鉴江堡

鉴江堡位于福州市罗源县鉴江镇鉴江居委会。明嘉靖二十四年，乡耆尤圣养、林献等集资倡修，翌年完成。东西宽255米，南北宽249米，

鉴江堡遗址航拍图

[1]（光绪）《福安县志》卷五/城池/土堡。

占地面积 63495 平方米，堡周长约 1200 米，堡墙由块石垒砌。堡内街道平面布局呈十字形。现保存东、南、北三个城门和部分墙基。南门保存较好，东、北门仅存门洞。城墙损坏严重，上部被铺上水泥路，部分已消失。东门位于鉴江镇环城东路，坐西南朝东北（75 度），条石砌筑，门洞高 2.56 米，宽 2.16 米，深 1.87 米。分内外门洞，内为方形门，外为拱形门，券顶分两层，外层为石券顶，内层为砖券顶。南门位于鉴江镇环城南路，坐东北朝西南（190 度），用平整的条石砌筑，门洞高 2.59 米，宽 2.29 米，深 5.14 米。内为拱形门，石券顶，高 2.55 米，宽 1.67 米，深 1.74 米，门槛高 0.13 米。外为石框门，高 2.17 米，宽 1.2 米，门槛高 0.14 米。北门位于鉴江镇环城北路，坐东南朝西北（345 度），仅存券顶门洞，块石砌筑，券顶为三合土夯筑，门洞高 2.55 米，宽 2.03 米，深 3.09 米。

2. 幕浦堡

幕浦堡位于福州市连江县敖江镇幕浦村。明嘉靖三十七年春三月，寇掠幕浦。三十八年，余姓族人创筑备倭，周三百六十丈，高一丈二尺，

幕浦堡北门遗址

幕浦堡东门“寅宾”门匾

广一丈，为门四。[1]城墙现已圮。原有城门均被破坏性改造，尚留有清代东门“寅宾”门匾。

3. 东岱堡

东岱堡位于福州市连江县东岱镇。明嘉靖三十五年夏五月，寇掠东岱，自陀市潘渡登张旗川，经邑水南至东岱，大掠。四十二年，筑城。周五百三十丈，高一丈二尺。崇祯五年，知县于可举增设北门。四十二年十一月，倭复分犯东岱。[2]

21 世纪初还留有旧城墙与城门风貌，现因不当重修，已无明代痕迹。

---

[1]（民国）《连江县志》卷三 / 大事记 / 明，卷六 / 城市 / 堡。

[2]（民国）《连江县志》卷三 / 大事记 / 明，卷六 / 城市 / 堡。

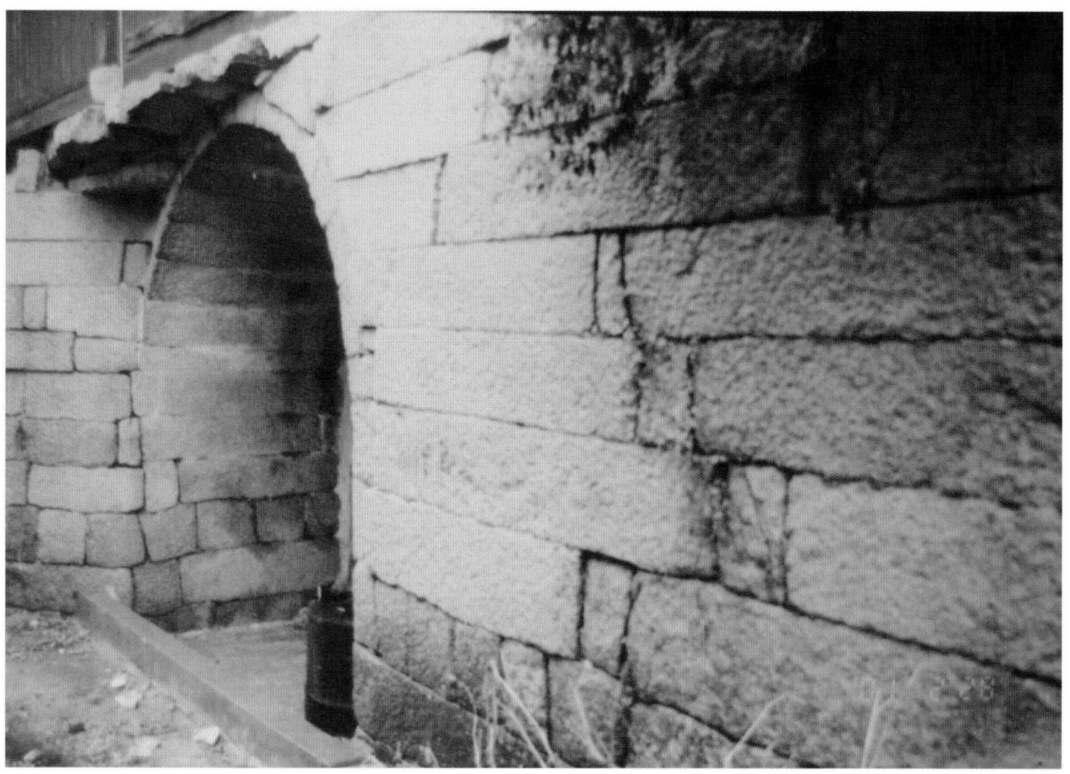

东岱堡遗址

4. 小埕堡

小埕堡位于福州市连江县筱埕镇小埕村。明景泰间居民自筑，成化末废。嘉靖四十二年十月，把总传应嘉破倭于小埕。巡抚谭纶复设防倭，周二千一百一十丈，高一丈，雉堞八百有奇，西、南为门二。四十四年四月，倭艅犯小埕，把总蒋伯清等击败之。崇祯五年，重修。后圮。[1]现已无存。

5. 苔菉堡

苔菉堡位于福州市连江县苔菉镇苔菉村。明嘉靖四十四年居民自筑，

[1]（民国）《连江县志》卷三 / 大事记 / 明，卷六 / 城市 / 堡。

苔菉堡遗址航拍图

苔菉堡南门遗址

苔菉堡北门石匾

周四百二十丈，南、北为门二。[1] 据现存北门上的石匾可知清道光十一年曾重修。

现存北面临海的城墙，长 150 米，高 6 米，宽 4 米。券顶城门，高 7 米，宽 4 米，城楼已改建。南面尚存城门及城墙 20 余米。城门高 3 米，宽 2.5 米，深 4 米。

[1]（民国）《连江县志》卷六 / 城市 / 堡。

6. 透堡

透堡在今福州市连江县透堡镇。元设宁善等乡巡检于此。明嘉靖四十年筑堡，周三百一十丈，为门四。[1]现存东、南、北三个城门。

透堡北门遗址

[1]（民国）《连江县志》卷六 / 城市 / 堡。

▼透堡遗址航拍图

7. 马鼻堡

马鼻堡位于福州市连江县马鼻镇。明嘉靖四十二年五月初二日，副总兵戚继光大破倭于马鼻，歼之，筑堡。跨山面海，周四百二十丈，为门三。[1]现已无存。

8. 塘头城

塘头城位于福州市连江县琯头镇塘头村。明嘉靖年间，里人董世道捐造。万历四十年，拓而大之。[2]现已不存。

此外，连江县域还有黄岐堡、奇达堡两处明代城堡，因为修筑于崇祯时期，与抗倭关系不大，所以本书未收录。

9. 塘湾城

塘湾城位于福州市马尾区长安村，明嘉靖年间建。[3]至20世纪末，仍残存呈一字形、南北走向的城墙，长81.9米，高约2.5米，厚3.1米。现已不存。

10. 翁崎城

翁崎城位于福州市马尾区亭江镇东岐村，明嘉靖年间建。[4]至20世纪末，仍留有部分城墙。今已不存。

11. 垅下城

垅下城位于福州市长乐区松下镇垅下村，嘉靖四十年，居民倡造。周一百八十七丈，高一丈二尺，广八尺，原设南门楼一座。[5]现仅存少量

---

[1]（民国）《连江县志》卷三／大事记／明，卷六／城市／堡。

[2]（乾隆）《福州府志》卷四／城池／闽县。

[3]（乾隆）《福州府志》卷四／城池／闽县／民间防倭建筑。

[4]（乾隆）《福州府志》卷四／城池／闽县。

[5]（民国）《长乐县志》卷六／城市志／防海各城／垅下城。

海口城东门遗址

残墙。

12. 海口城

海口城位于福清市海口镇。周八百四十四丈，女墙一千六百有五，警铺二十四，敌台七，辟门五。明嘉靖间，倭犯海口镇，巡按吉澄请发帑金赈恤之，镇民愿以所赈筑城，鸠缘数千两成之。其后倭屡犯，村落皆墟，独此镇以有城坚壁。缘滨海易圮，万历十年，知县罗万程详请官帑修之。三十五年，知县凌汉翀修西南沿江一带，捐俸成之。四十三年，知县汪泗论奉兵道吕纯如檄，增高东北一带，添设敌台一，警铺四，吕、汪各捐俸鸠缘成之。四十六年，久雨复圮，知县王命卿发公银重修，民间计丁屋出赀成之。清顺治间，郑成功据城，四年三月城因陷，后立有寨。至乾隆时，城石尽为无赖者所拆。[1]

民国初年，美国教士在此建教堂、孤儿院和医院，城大部分被拆。抗日战争初，当局下令拆毁城墙。现仅存东门（通江门）拱形花岗岩砌门洞，高 4 米，宽 8 米，深 2 米。

13. 化南民城

化南民城位于福清市三山镇前薛村。明嘉靖年间造，至清乾隆年间已废。[2]

笔者在调查时得知,前薛村至今还保留着“东门”“西门”“南门”“北门”等地名。在原来东门位置北侧还保留一段化南民城城墙，长约 20 米，高约 2.5 米，基宽约 5 米。据村民介绍，在这段城墙的南北两个方向延伸线上，村民建新房时都能挖出化南民城的城墙残余。

14. 芙蓉寨

芙蓉寨位于福州市平潭综合实验区苏澳镇先进村东芙蓉山上。山高数十仞，周围约三里余。明季倭寇袭海坛，民就山上筑寨而守。嘉靖间，倭自八阵石营航海而至，附近居民咸据寨相抗。倭据山下，侦知寨中无水，难与久持，连日不去，民受其困，内有一人教众贮溺洗衣，晒遍寨墙，以示食有余水，倭见之果退。至民国时寨址犹存。[3]

---

[1]（乾隆）《福清县志》卷三 / 建置志 / 城池。

[2]（乾隆）《福清县志》卷三 / 建置志 / 城池。

[3]（民国）《平潭县志》卷六 / 城市志 / 台寨烽堠。

现存石砌寨墙，顺山势环筑，残垣长 200 余米，残高 1 米左右。

（三）兴化府辖区

崎头城

崎头城位于莆田市秀屿区鹅头村西北 500 米。嘉靖三十九年，倭寇猖獗，乡民吴文宗等具呈院司，请自出赀筑堡。行同知李时芳前往相庶立基砌筑。周回四百五十丈，高一丈二尺。四十二年，倭寇攻崎头。万历二年，知府吕一静据地方具呈称外山高而垣低不利于是，命巡检严侃同乡老募众辟改，将高山并围入内，较旧增一百余丈。至清乾隆时已圮。[1]

现残存城墙以乱毛石堆砌，残长约 2000 米，残高 0.5–2 米，基宽约 1.5 米。

（四）泉州府辖区

1. 郭坂寨

郭坂寨位于泉州市德化县国宝乡佛岭村郭坂洋。明嘉靖四十二年十一月，倭寇千余由闽清入德化，至下涌坂攻寨，积半月余不下，乃扶伤出郭坂。寨方筑基，高四五尺，居民集其上为死守计，倭至，喊声若雷，拆屋门，负竹牌，抛石飞矢，竟日不为避。倭亦重伤，各归营寨，我兵乃下拾战具。次早，寇巡视之，知无可如何，弃去。[2]

现已残破不堪，已有维修计划。

---

[1]（乾隆）《莆田县志》卷三 / 建置志 / 城池。

[2]（康熙）《德化县志》卷十六 / 杂志下 / 盗贼。

郭坂寨遗址

郭坂寨遗址航拍图

万春寨遗址

2. 万春寨

万春寨位于泉州市永春县五里街镇仰贤居委会西北700米，又名公孙寨，据称是明嘉靖年间为抵御倭寇而建。依山而筑，占地面积约2500平方米，平面呈圆形。寨墙部分已塌，保存有东、西两个拱门。

（五）漳州府辖区

1. 玉洲城

玉洲城位于漳州市龙海区角美镇玉江村。明嘉靖年间，居民郭膺昂等筑以防倭。万历末，圮于海涨。清顺治二年，都司郭之逵鸠众再筑。康熙十八年，为郑成功部所堕。后渐坏。[1] 今存城墙残址一段。

[1]（光绪）《漳州府志》卷二十二/兵纪上/城堡关隘/龙溪县。

2. 石美城

石美城位于漳州市龙海区角美镇石美村。原系土堡，明嘉靖年间建城拒倭。广一千四百五十丈有奇，高一丈八尺有奇。清顺治三年，为海寇郑香所据。六年，破郑香，堕城。康熙九年，更筑，约如旧制四分之一，中建营房。十七年，复为郑氏军队所据。后圮壤，唯存旧址。[1]今已不存。

3. 长屿堡

长屿堡位于厦门市海沧区东屿村。明嘉靖年间，倭乱频仍。每次倭寇来攻，居民都要四散逃命，于是共谋捐赀成堡。嘉靖三十九年孟夏兴工，四十年冬告竣。环三百丈有奇，高一丈六尺许。四十二年，倭猝至，长屿因有堡可守，倭不犯而去。[2]

4. 赤湖城

赤湖城位于漳州市漳浦县赤湖镇北桥村。元时筑城，岁久倾圮。明正德年间，乡民曾泽远等重修。城甚寡大，视县城略小数丈，周一千二百丈，高一丈九尺有奇。其后升平日久，堞圮濠塞，民多侵没。万历四十六年，县令胡继美复而修之。清顺治十八年，迁界拆毁。[3]

5. 杜浔城

杜浔城位于漳州市漳浦县杜浔镇文卿村。不知始建于何时，明万历年间，参政邱懋炜因旧堡增筑，城周长六百余丈。崇祯元年二月，海盗郑芝龙攻打杜浔城，邱懋炜率村民共拒之。清初有守备分守该城，后划

[1]（光绪）《漳州府志》卷二十二／兵纪上／城堡关隘／龙溪县。

[2]（崇祯）《海澄县志》卷十七／艺文志二／碑／长屿堡记。

[3]（康熙）《漳浦县志》卷五／建置志／城池／赤湖城；现存于漳浦赤湖城隍庙内的（嘉靖）《漳浦赤湖城记》，（万历）《邑父母胡侯筑城功德碑》。

杜浔城遗址

归铜山营把总分防。[1]

由于镇内民居拥挤，原城墙基本已被拆除，现仅存南门，位于文卿村下角 68 号民居边，城门条石精构，平顶，门洞高 2.3 米，宽 2 米，深 3.05 米。原有城楼，今废，形制不明。

6. 城埯城

城埯城位于漳州市东山县康美镇城埯村，始建于明代，为花岗岩结构的抗倭古城。占地面积约 60000 平方米，有居民住房，现存城墙长 268 米，高 5 米，厚 1.2 米。东、南二城门尚存，拱门高 2.4，宽 1.4 米，无城垛，无城楼，保存完好。

7. 莆尾堡

莆尾堡位于漳州市云霄县莆美镇莆东村、莆南村、莆北村、莆顶村。始累土为之，后易以石。明嘉靖间，倭寇千人攻之不克，反为所摧，自是贼不敢犯，远近咸倚为重。清顺治六年，云霄镇帅移驻于此。八年，为郑成功部攻破。[2] 现尚存东、西、南、北四个堡门及四个小水门。

8. 前涂堡

前涂堡位于漳州市云霄县莆美镇前涂村。始以土筑，明嘉靖三十七年倭乱，更砌以石，为灰垛其上，与莆尾堡相为犄角。[3] 今已不存。

9. 林墩寨

林墩寨位于漳州市长泰区枋洋镇林溪村麒麟山上。明嘉靖年间筑以

[1]（康熙）《漳浦县志》卷五 / 建置志 / 城池 / 杜浔城。

[2]（康熙）《漳浦县志》卷五 / 建置志 / 城池 / 莆尾土堡。

[3]（康熙）《漳浦县志》卷五 / 建置志 / 城池 / 前涂土堡。

林墩寨遗址

避倭。清顺治三年，土贼窃发，庠生林承芳易寨垣以石。[1]现存寨门及部分寨墙。

10. 岑头城

岑头城位于漳州市诏安县西潭乡岑头村。周围八百四十丈，高一丈四尺。[2]明嘉靖三十八年二月，倭寇数千自潮州来，攻破岑头土围，烧屋杀人无计。[3]现已不存。

[1]（乾隆）《长泰县志》卷六 / 兵防志 / 寨堡。

[2]（万历）《漳州府志》卷二十九 / 诏安县 / 舆地志 / 城堡。

[3]（康熙）《诏安县志》卷七 / 武备志 / 兵燹。

梅洲城西门遗址

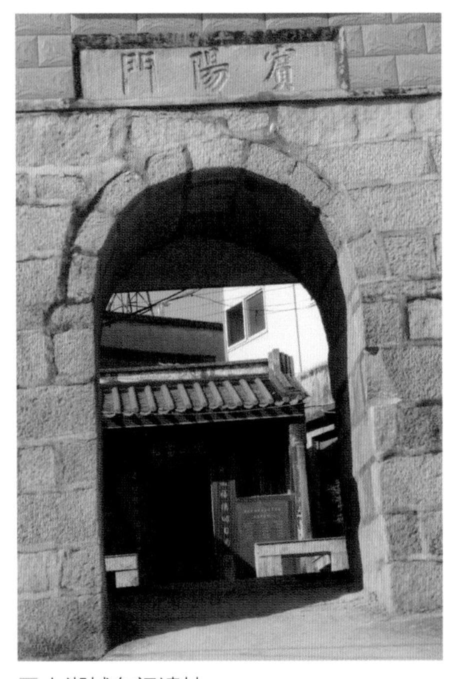

上湖城东门遗址

11. 梅洲城

梅洲城位于漳州市诏安县梅洲乡梅洲村。明正德初，海寇窃发，梅洲吴氏相与呈于官，蒸土为砖而筑之，不期年，而城就头绪。间有倭夷入寇，亦恃以无虞。嘉靖末，屡被海盗吴平侵扰。万历十四年，改砌石城。因民众互相诘告，久不成。十九年夏，有倭夷警报，乃齐心筑就。[1]

梅洲城是迄今诏安保存较为完整的一座古城。城周长约 2100 米，高 5 米，厚 3 米多，四个城门均为石拱门，通高 2.6–2.8 米，宽 1.5–1.6 米，深 1.4–1.6 米，城门内侧建有边长约 4 米的方形城门堡。东、西、南、北门均有石匾额，东门“先春门”，西门“宝成门”，南门“阜财门”，北门“拱辰门”。

12. 上湖城

上湖城位于漳州市诏安县四都镇上湖村。明嘉靖二十四年筑。方志中称其为土城，但从现存东

[1]《梅洲城池记》,《梅洲吴氏族谱》转引自《南国残阳 · 太平军南方余部烽烟纪实》, 147–148 页。

门门匾（上书“皇明宾阳门／嘉靖庚申立”）被嵌于花岗岩石砌城墙中可看出，当时的城池实际是石砌的。[1]现存部分城墙以及四个城门，近年有不当修复。

13. 仙塘城

仙塘城位于漳州市诏安县桥东镇仙塘村西侧。据《仙塘涂氏家谱》称，该古城始建于明嘉靖年间，为当地百姓所建。建造古城的目的是用于贮存粮食和防倭抗倭。清乾隆七年重建。城堡于 1939 年抗日战争期间被废，后又遭拆墙造堤，损毁严重。

古城现存城墙石砌，长 400 米，高 5.5 米，厚 1.17 米。尚存东、南二门，南门门匾刻“迎薰”，旁款“乾隆七年孟冬重建”；东门门匾刻“朝阳”，旁款“旨大清壬戌年十月丁未重兴”。城门都有内外二重，外门拱圆形，内门方形，皆高 2.2 米，宽 1.28 米，深 1.17 米。

[1]（万历）《漳州府志》卷二十九／诏安县／舆地志／城堡。

三、战场遗址

倭寇入侵，除了攻打城池，而使城池成为战场外，在当时，还有许多郊野之间的战场。但随着时间的推移，许多战场遗址已经无迹可寻。本书择要介绍以下两处战场遗址。

1. 横屿战场遗址

横屿战场遗址位于宁德市蕉城区漳湾镇横屿村。关于横屿之战，据林爱民的《功德祠记》，大略云：横屿为海中岛，涨潮时一片汪洋，退潮时淤泥成滩，易守难攻，倭寇因此盘踞其间。戚继光根据横屿岛地形和倭情，利用潮汐规律，在倭寇以为不可能的时间和地点攻上横屿，斩首数百，救出被掳男女数百。残倭出逃，又淹死数百人。

横屿战场遗址

现今横屿已成为半岛，与陆地连成一片，难觅古战场痕迹了。

2. 虎啸潭战场遗址

虎啸潭战场遗址位于莆田市仙游县鲤城镇柳坑虎啸潭。明嘉靖四十二年十一月十七日，倭寇围攻仙游城，戚继光率兵火速赶到仙游城援救。为了解救人民，戚继光命先头部队强渡木兰溪，在虎啸潭与倭寇进行殊死战斗，大败倭兵，戚军亦在此潭牺牲 300 人。戚家军乘胜追击到十八战和九战尾，最后在九龙岩山麓彻底歼灭入侵倭寇五百多人。为纪念戚家军抗倭的光辉业绩，当地人民特将此地定为虎啸潭抗倭遗址。现已无甚痕迹，县政府将此战场遗址定为县级文物保护单位。

虎啸潭战场遗址

第三部分

与人物相关的抗倭遗产

明代倭患，对于生活在那个时代的人们产生了很大的影响，包括将领、官员、士绅、兵士、义士、普通人等。以下分别介绍本次调查中发现的与上述各色人等相关的抗倭遗产。

一、抗倭将领相关遗产

福建抗倭将领可以粗略分为在外省领导抗倭的福建籍将官，像张经等；在福建领导抗倭的将官，既包括来自外省的谭纶、戚继光，也包括本省籍的俞大猷、傅应嘉等人。这其中，许多文献上提及的将官，由于在调查中未发现有相关遗产，就不收入本书。

（一）文献有征的抗倭将领

1. 张经

张经（1492—1555），侯官（今福州）人。授七省经略，负抗倭全责。先后在后塘湾、王江泾大获胜利，史称“为军兴以来，战功第一”，后被冤杀。《明史》有传。与张经有关的抗倭遗产包括如下三个。

（1）张经宅

张经宅位于福州市文儒坊17号、19号。共三座，占地面积2375平方米，均坐北向南，主座面阔五间，进深五柱，穿斗式减柱造木构架，双坡顶。除木构架外，其余厢房、门窗等都已改建，东、西侧两座房屋亦已改建为新房。2021年笔者调查时，正在全面重修。

（2）张经墓

张经墓位于福州市鼓楼区洪山镇国光村北。墓坐北向南，墓丘呈龟背形，护以双重石砌挡土墙。石铺9层墓坪，面宽18.5米，进深110米。前立马鞍形墓碑，高1.74米，宽4.28米，上刻“明抗倭将领张经之墓”，两侧立石围屏，上刻张经生平事略及重修经过。祭台裙饰有马、鹿、狮、麒麟。两边挡土墙前端用石螭首压顶，前方挡土墙顶，镇以石狮。墓坪

张经故居旧貌

正在维修中的张经故居

张经墓

左右分立石翁仲一对，文官执笏，高 3.4 米； 武士按剑，高 3.5 米。石虎一对，高 1.1 米；石羊一对，高 1.02 米；石马一对，高 2.1 米。墓前立两根石望柱，高约 5 米，左刻“玉音，志虑忠勤”，右刻“玉音，襟期慷慨”。墓原有 13 层墓坪，民国期间遭破坏，1984 年重修。近年，相关部门对周边环境进行了整治。

（3）张经祠

张经祠位于福州市仓山区建新镇劳光村。祠于明万历二十八年始建，清嘉庆元年重修。占地面积 592 平方米，坐西向东，由大厅、回廊、文昌阁、庭院等组成。大厅面阔五间，进深七柱，穿斗式减柱造木构架，双坡顶。2021 年笔者调查时，正在进行全面重修。

张经祠

2. 黎鹏举

黎鹏举，生卒年不详，字冲霄，安徽合肥人。

（1）黎公崖榜书

黎公崖榜书在福州市鼓楼区乌山幞头石，即今称黎公崖。西向，摩崖高约 4 米，宽 2.2 米，楷书，字径 0.63 米。“乌石在，黎公在”，字为阳刻，把元代陈石道的部分题刻覆盖。《乌石山志》记载，为“嘉靖初磨镌”。黎鹏举嘉靖三十七年官指挥佥事，率水师在闽江大破倭寇，民众镌此并建亭祀之。

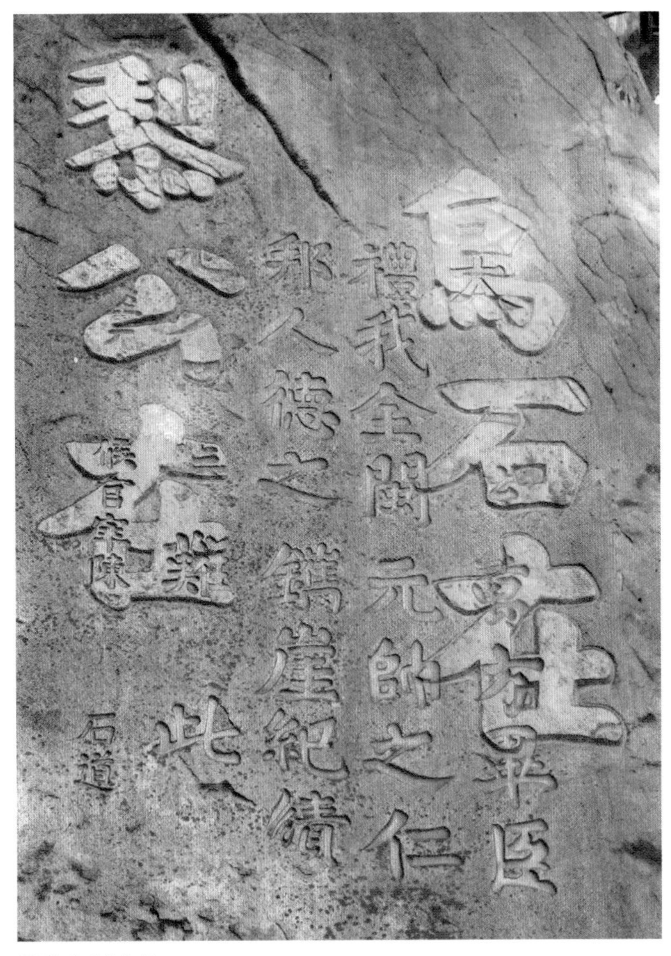

黎公崖榜书

（2）黎公亭

黎公亭在福州市鼓楼区乌山顶。明代曾有黎公亭，祀黎鹏举。现存黎公亭为近年重修。

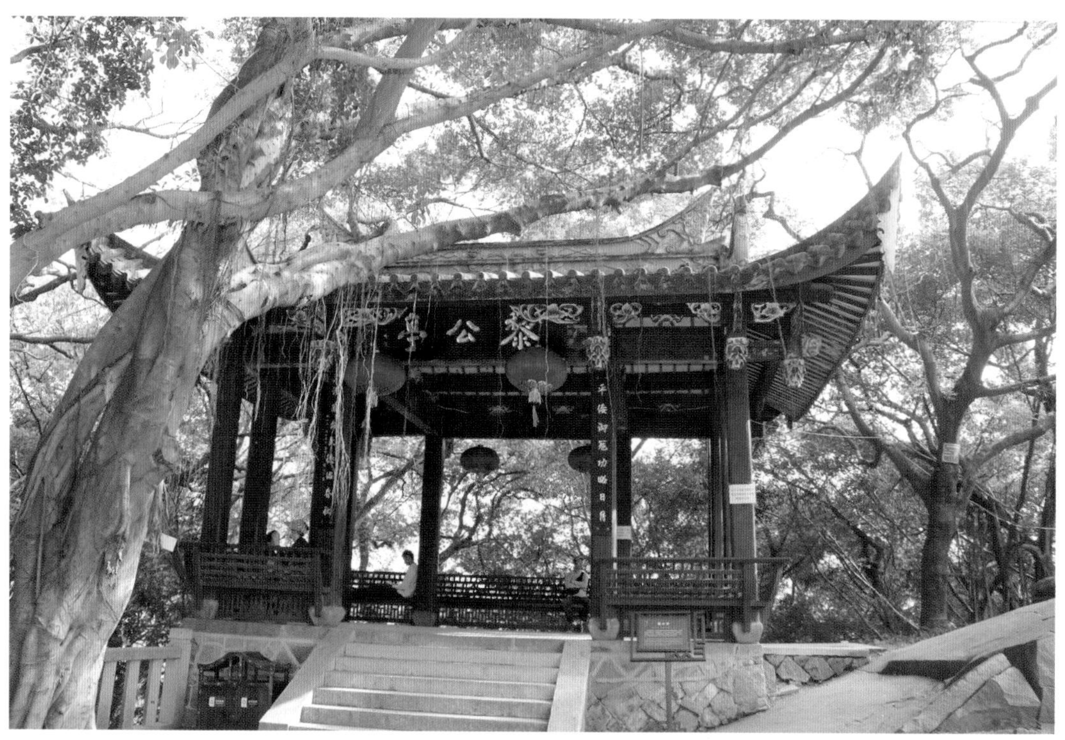

黎公亭

3. 朱忠

朱忠摩崖在福州市鼓楼区乌山绝顶金刚迹东，南向，摩崖高约 1.5 米，残宽 1.8 米，楷书，纵约 20 行，字径 0.13 米。摩崖文字如下。

贵州佥宪陈辉伯炜、云南参／议王善师舜、水部主事郑文／季友、南康太守刘麒伯祯、监／察御史罗泽宗本、林文秩礼／亨、弟审理文秸嘉亨、选部主／事洪英实夫、金部主事陈复／□初、张衍理文、光禄署丞林／生子仪、翰林修撰陈枨叔刚、／刑科给事中姚铣孟声、弟鍪□文、本府学教授□□景着、□□中卫百□□□□诚进／……亮汝明儒／……

朱忠摩崖

宣德甲／……此／嘉靖壬戌（四十一年）年水陆征倭有功，升授本卫所世袭千户、历任／掌事五世孙男朱忠，万历丙申（二十四年）年仲春吉旦重咏于此立。（按：红色的字已毁，据郭柏苍《乌石山志》补）

朱忠，（万历）《福州府志》中提及：隆庆初由福州中卫中所副千户升任掌福州中卫前所印。[1] 从郭柏苍所抄录的摩崖文字可知，其于嘉靖四十一年因水陆征倭有功而升职，无疑是一位抗倭将军。

4. 戚继光

戚继光在闽抗倭事迹，史籍昭昭，因此本书略去。在福建省内各处都留有相关遗产，虽然有部分遗产已消失，但现存数量还是不少。

[1]（万历）《福州府志》卷十四／官政志六／历官／国朝武职／福州中卫中所副千户。

（1）义乌城隍庙

义乌城隍庙位于宁德市霞浦县松城镇东关村西 500 米。明嘉靖四十一年，戚继光抗倭时建，占地面积 410 平方米，坐北向南，庙面阔三间，进深二间，抬梁穿斗式木构架，硬山顶。戚继光抗倭时曾住此。

义乌城隍庙

（2）漳湾戚公祠

漳湾戚公祠位于宁德市蕉城区漳湾镇漳江居委会，为纪念明嘉靖年间抗倭名将戚继光入闽抗倭收复横屿而建。占地面积 208 平方米，坐西北向东南，面阔三间，进深二间，穿斗式木构架，悬山顶，高 6.6 米。

漳湾戚公祠内景

漳湾戚公祠全景

（3）漳湾恩泽坛碑

漳湾恩泽坛碑原位于宁德市蕉城区漳湾镇漳湾街西南。恩泽坛已毁，仅存土台，占地面积约 30 平方米，传说是戚继光征倭途中斩子之处，为纪念其大义灭亲，当地百姓建坛立碑。现碑被移至漳湾中学操场旁。碑高 0.87 米，宽 0.29 米，上书“恩泽坛”三字。

戚继光斩子处这一说法荒诞不经，姑将其列于戚继光相关遗产之内。

恩泽坛碑

（4）戚军井

戚军井位于福州市连江县丹阳镇。明嘉靖四十二年，戚继光屯兵丹阳时所凿。方形，无栏，边宽 1.5 米，深 3 米，井口低于地面 2.5 米，周砌短垣护坡，东边铺设石阶上下通行。原有井亭，已圮。

戚军井

（5）于山戚公祠

于山戚公祠位于福州市鼓楼区于山白塔寺东。明嘉靖四十一年，戚继光在宁德横屿、福清牛田、莆田林墩打了三次大胜仗，班师回浙江时，福州官绅在于山平远台设宴接风，勒碑纪其功。后人在此建戚公祠。现存建筑为 1918 年重建。

（6）福清戚公祠

福清戚公祠原在福清市融城镇西门街，为纪念明代抗倭名将戚继光功绩而建，清雍正十二年重修。占地面积约 160 平方米，坐西向东，由前殿、大殿、左右走廊、厢房等组成，周封以火墙。大殿面阔三间，进

于山戚公祠

深一间，穿斗式木构架，双坡顶。祠内有戚继光塑像，四壁绘戚继光功绩图，大门额上竖立一通双龙圣旨，匾额“戚公祠”。抗日战争期间，福清民众又在西门水陆街石坊东侧，重建了戚继光纪念祠，其后日渐残破。1995 年 6 月，因旧城改造之需，福清市委、市政府决定在玉融山公园修建戚继光纪念堂，即今戚公祠。

另外在明朝末期，福清民众还在海口镇龙江书院左侧建有一座戚公祠，今圮。

（7）林墩戚公祠

林墩戚公祠位于莆田市荔城区黄石镇林墩村东 100 米。明嘉靖四十一年九月二十一日，戚继光率军星夜从莆田洋城、清埔、西洪攻入林墩倭巢，毙倭 2023 人，俘获多人，救出被掳群众 2114 人。当地民众

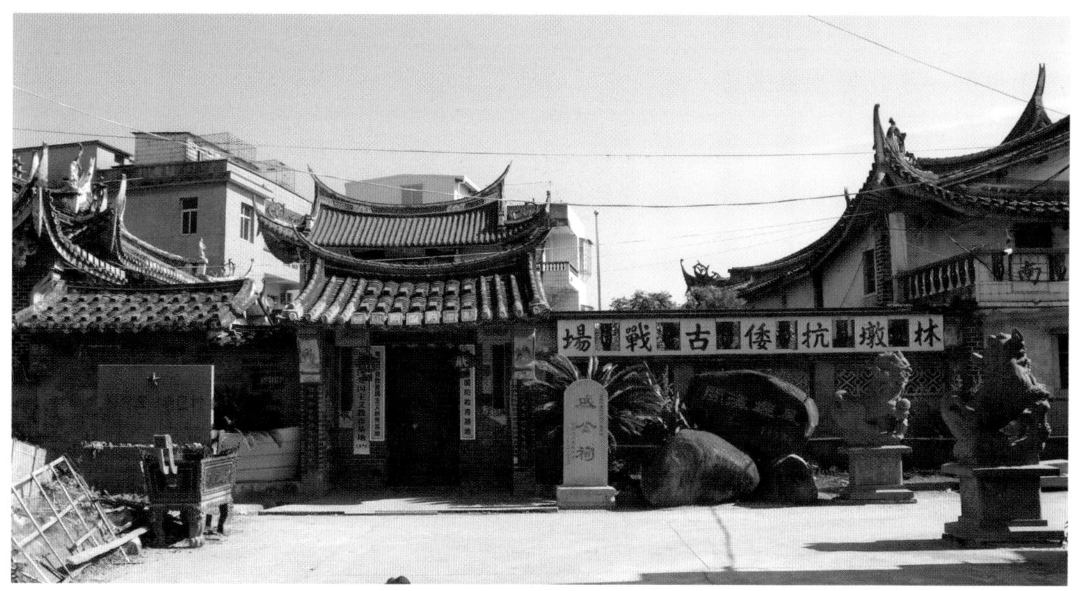

林墩戚公祠

感念戚继光，在林墩村的主战场建祠祀奉。明代始建，清代、近代重修。占地面积约 700 平方米。

（8）枫亭大总戎戚公永功之碑

枫亭大总戎戚公永功之碑位于莆田市仙游县枫亭镇霞街居委会南 100 米，为明嘉靖年间纪念戚继光平倭功绩之碑。高 3.5 米，宽 1.1 米，共 300 多字，楷书。碑文风化严重。碑文如下。

大总戎戚公永功之碑

枫溪永功碑成，庠彦郑生杨、林生应春、薛生公宠相率诣余门，属叙焉。余曰："子，仙人也。戚公有大功于仙，仙之人□祠之，尸而祝之矣！……

愚等诚仙人，然枫吾产也，枫之乡感其恩尤大。祠者，一邑之公；碑者，一乡之私。况邑在僻地，枫在□□□□□□□□乎，枫……无立乎？余曰："枫之南二十里，北二十里，皆称通衢，不碑于他，而必于枫，何也？”生曰：“愚等产于枫……焉，皆生且长于枫，世远则迹微，迹微则心懈，吾为是碑，岂惟使行路人知之，亦使枫之子孙睹其碑则思其功，思其功则所以……人以……于无穷焉。呜呼！是可以观人心矣！今夫数口之家，事有所咨议，犹此矛而彼盾，况合一邑一乡之人……之人以……异词无几，微不可见于颜面，此岂约之而然哉？夫难莫切于父儿，危莫甚于水火，义莫重于（仲）□，善莫大于生矣。（自）倭寇之……莆城既陷，益横无所惩，乃大举而图仙，弥月不解，仙之城岌岌乎殆矣！四郊之□，兵燹相仍，城（悬）人士，食尽力□，□□戮力……纶，前监军、今巡抚汪公道昆一乃心力，分兵夹进，一鼓而溃其围，磔渠魁，俘余党，岂惟城（枫）以完，而人士之得以生……之难，亦藉是以伸其地下之冤，此其功，岂

大总戎戚公永功之碑

活一人，救一家止哉？公自膺前巡按李公邦珍之荐，入闽以来，扬威……可纪，然安之于濒危，生之于垂死，而解之于倒悬之急，则未有如是之奇且烈者，宜乎感之者，不……祠之……于燕然封山刊石，古今以为美谈，然彼自叙其功耳，而犹有矜诩夸大之议，公屡建大功，退若无所有，轻裘……文饰武，岂宁宪所能及哉？予，莆人也。林墩、平海之捷，感公之恩与仙同，方图建祠立碑，而未即就绪，顾为仙人……念之私，先托以自见，若大书特书，不一书，与是碑同垂于不朽，则俟于莆之名笔君子云。

辞曰：我明御极，四夷屏息。丑彼东倭，独扰中国。先皇奋武，向化来宾。世平法弛，复侵吴闽。既破莆城，旋攻仙邑。环布城阙，蜂屯蚁集。□掠……水遍红□。竖梯薄城，矢石相继，城内计穷，束手待毙。于惟戚公，熊罴数千，闻变亟趋，身为士先。进兵助守，复……前，歼凶解围，城赖以全，乃开四门，乃安百姓。死者冤伸，生者胥庆，衔恩莫答，爰立生祠，千秋百祀，俎豆于斯，枫故莆仙，闽南孔道……公平寇，历岁宴然。士歌于庠，农嬉于田。伐石为碑，以告行路。惟尔子孙，见今思故。呜呼！汉有诸葛，唐有子仪，垂碑勒鼎，公其所……

赐进士第、通议大夫、刑部右侍郎致仕、前两京大理寺卿、吏科都给事中、翰林院庶吉士莆阳于野散人郑大同谨撰

嘉靖乙丑岁仲冬望日

枫溪寿官薛师复，生员郑扬、郑梁树、刘至德、林应春、郑策、薛公宠，耆民薛师雍、林士善、林希羽等同□□众立

（9）崇勋祠碑记

崇勋祠碑记原位于莆田市仙游县鲤城街道南街，现存于仙游县博物馆碑廊。碑文如下。

崇勋祠碑记

赐进士第中顺大夫太仆寺少卿前吏科都给事中莆人张秉壶撰文

赐进士第奉议大夫广东按察司佥事莆人傅卿书丹并篆额

明兴百八十年，生聚蕃庶，文恬武熙（按：原碑如此，应作“嬉”），士守其业，农狎于野，若不知有兵革事，因循玩愒，莫能先为事备。顷者，倭夷犯我内地且十余年，始于浙东，复移于闽。闽人弱而莆尤甚，/织（按：原碑如此，义不通，或当为“庶几”）无宁岁。当事者曰：“食少兵不足，吾独若何？”夫非无兵也，无治兵之将；亦非无将，无择将之人。惟总督梅林胡公知南塘戚将军智勇可大任，遂专南征。师行粮从，自挈橐/器，所至不犯秋毫。一月三捷，倭亦殆尽。既而，兵士怀归，度食亦乏，不可留。别有数千倭，悉其犀锐，直捣于兴，环攻一月。士民度不可支，咸吁号曰：“使戚将军在，岂有今日！”俄而，/贼乃谋夺官文书，衣兵之衣，求登埤，众执不可，官司登之。贼复诡言大兵夜约斫营，宜息刁斗无哗，静以俟之，以怠守者。于是，内外应合，十一月二十八日夜遂夺郡城。据之/两月，出移平海卫城，又夺之。巡按御史同川李公以状闻，力请于/上，大破议格，执政司马赞议，出户、兵二部金，擢将军为闽副总兵，必雪此愤，且无令滋蔓。时兵备副使南溟汪公入浙，招致劲卒，实同殚劳。朝议，抚臣非二华谭公不可，故特拜/简命焉。公方持制，遂兼道来督戎务。公与将军意气夙昔，未至闽，先为坐困之说，闻者似觖所望。及入境，即疾趋，贼不虞大兵且至，犹约日移攻仙游。是时，人心危疑，真何啻云/霓于公与将军也。贼移营许塘，大兵以四月二十一日子夜环守其营，贼弗知也。甫明突之，火箭四发，雷电交驰，贼呼曰：“戚虎至矣！”悉股栗奔命，投网授首，不崇朝，血杵无噍/类，莆之冤愤于是纾。仙之民聚谈欢舞，曰：“岌岌乎，微此时雨，吾其釜鱼乎？”公文武全才，海内系望，故夺情从戎，为国矢力。乃与将军何呼吸之间，遂成大功。将军虽武臣，/学古道而说诗书，每见其凯旋，恂恂冲雅，略不施劳，无不啧啧服其有养。是举也，公得将军，益宏韬略；将军恃有公，而益殚布。是惟无战，百战必克。天生贤哲，以昌平治之期，/夫岂偶然哉？仙之人感慕不已，相与议曰：“必焦

崇勋祠碑记

头烂额都上客乎？公与将军徙吾薪矣！室得不毁，吾生可更，谁之力乎？”于是，乡士夫林君鸿猷、徐君纯谋，通学生员陈瑀、吴颙／等，暨耆民苏士昭、吴于谐等，请于邑侯文君济武，度通衢地，建崇勋生祠，绘二公像于中。士民老幼日罗拜焉，慰此颂思。秉壶适归省故园，属笔勒石，以识不忘。谭公名纶，江／西宜黄人；戚公名继光，山东登州人。公侯将相，铭于太常，图于麟阁，皆未可量也。记而颂之曰：／

天佑我明，胡运斯更。干羽阶舞，民不知兵。我／皇继统，敬天勤民。四十余年，熙皞来宾。有虏来侵，岁聿底静。蠢兹倭夷，复南炽盛。蛟鳄陆驱，旄头司命。闽人苦之，久罹毒横。／帝不宁居，拊髀名将。有戚将军，推毂虎帐。至即扫平，俘馘胥望。人争图容，以遂瞻仰。兵既遄还，识者蹙颜。羽旄渐远，莫可追攀。倭乃伺隙，登锐如山。久博吾郡，指掌之间。困逼／□旬，救援不至。民命草芥，穴窜无地。贼伪我兵，反间入试。守者堕谋，城遂不利。御史闻之，愤激思备。状上于／朝，一怒九霄。杨大司马，破格除妖。大发部贮，兵食乃饶。申命戚氏，不数嫖姚。宰相主之，／天子许之。必敌所忾，然后振旅。／帝咨重臣，谁兼文武？佥曰谭哉，周之吉甫。特起中丞，秉钺兹土。不敢言私，衣墨临伍。遇贼诸途，一鼓而歼。悲来之脱，云霓所瞻。倭先据莆，两月不发。一移海滨，卫城斯夺。偏／□□堡，人尽怵怛。贼饱其欲，粟米亦穷。卜日趋仙，就食山中。人曰觖悬，实惟二公。缓议疾驰，掩耳非意。大兵突围，无所用智。谓戚兵来，如雀见鹫。倭数千人，殚无遗类。民／喧□□，□肃部次。灭此朝食，果有是事。仙人闻之，曰生存之。徯后我苏，再砥乾坤。大哉兹勋，实难具论。归之将军，曰何功有？归之军门，军门不受。司马指麾，曰将天威。／□子恭默，上玄是归。凡此邑人，怀慕靡觖。立为公祠，朝夕颂拜。愿我二公，寿朋南岳。永绥士女，□义礼乐。农易其耕，士传其学。何以拟之？韩范曹岳。

嘉靖四十二年岁次癸亥秋八月吉旦

阖邑士民同立石

（10）盘陀戚继光功德碑

盘陀戚继光功德碑位于漳州市漳浦县盘陀镇盘陀村南侧的忠勇祠遗址中，明隆庆元年立，碑南向，嘉靖四十三年，戚继光率部在盘陀蔡陂岭歼倭八百余，建忠勇祠奉祀阵亡将士，当地民众立碑为戚公表功。碑高2.8米，宽1米，额首刻篆书“大都督南塘戚公功德碑”，碑石断为二截经拼接，碑正文下段石面剥落，上部可辨碑文如下。

大都督南塘戚公功德碑

赐进士出身通政大夫……敕巡抚湖广等……

赐进士出身奉……经筵讲官前翰林院……

赐进士及第翰林院……经筵讲官……

盘陀戚继光功德碑

天将开国家昌明之运，必荐生贤哲列于庶位，有忠贤不二心之臣……朝廷高拱而国祚灵长也，惟我大都督南塘戚公幼禀殊姿，性通神略，起自……，所荐授而忠诚一念尤不可以业古殚陈者也。慨自倭夷煽……天子恻焉，遂用都御史二华谭公为提督，公为总兵，率师径……焉。癸亥冬，倭几二万，复集合攻仙游，仙游之城□加……请，公同二华公领将兵直抵于漳，公履……危之功居多，凡此战功惟蔡陂岭尤险而奇，今诸将□参游都……而祭之，且为立祠血食之，复伐石为碑以纪公功德。属言……明二百年来所仅见者，非执事先生有德之言曷以传示不朽……安堵屹然，负金汤之重者，匪公其谁？昔召虎平淮南之夷戎……尚观风者采之，行将勒之鼎以诏来祀，公殆今日□召虎……元戎视师兵行有节，既兼福兴漳□滋□□此流……帝曰：南夷汝往且征元戚至征前无坚城龙骧虎□蛇……

隆庆元年岁次丁卯……

（11）武夷山戚继光摩崖

福建境内存有很多相关戚继光的摩崖，但本书并未收录，之所以收录这一方摩崖，是它的内容相当特别，可以把它当作戚继光在抗倭胜利后心情的体现。摩崖文字如下。

大丈夫既南靖岛夷，／便当北平胡虏，黄冠／布袍，再期游此。奉敕／镇守福浙等处总兵／官、都督同知、定远东／牟戚继光应召北伐／题。时／隆庆丁卯冬既望，／福建都司曹南金书。

5. 俞大猷

俞大猷（1503–1579），字志辅，号虚江，晋江河市人。明嘉靖十四年武进士，官总兵，卒赠左都督。为与戚继光齐名的抗倭名将。

（1）俞大猷墓

位于晋江市磁灶镇苏埯村，为夫妻合葬墓。占地面积约 5500 平方米，坐南向北，三合土构筑墓丘，长 2.86 米，宽 2.96 米，高 2.38 米。墓室砖

武夷山戚继光摩崖

俞大猷墓

砌，墓丘前立石墓碑，高2.45米，宽0.92米，上刻楷书“皇明都督虚江俞公墓”。神道两旁存有石武翁仲两尊。近年重修墓道，重雕石马、石虎、石羊和石望柱各一对。

（2）明都督俞大猷暨夫人陈氏墓志铭

该墓志铭1976年征集于俞大猷墓所磁灶镇苏埯村，现存晋江市博物馆。

（3）都督俞公生祠记碑

都督俞公生祠记碑原在泉州市金门县城隍庙，现存金门碑林。碑文如下。

都督俞公生祠记

金门所生祠一区，所各官暨诸耆士为都督俞虚江公建也。公昔视师金门所，卑尊长少举欣欣然，爱若父母，相与亭而碑之，假笔于余季父

俞大猷墓志

西浦翁，颂德颂功，垂不朽。其迁而去也，以指挥佥事备汀漳，以都指挥佥事署钦廉，以右参将守琼州，以左参将镇温、台、宁、绍，以副总都督金山，以都督佥事总制直浙，仍准都督同知。寻调大同，转南赣、漳南、岭东，车辙马迹，半参戎马。卑尊长少动辄思公，闻有自公左右回者，相率往问，欣跃如见，累欲卜地构祠而俎豆之矣。适本所视篆千户今升指挥杨君宏举、行都司邵君应魁，相与赞其成，属余为之记。余尝览太史丰公《定远生祠记》、乡士薛子《虚江宦迹录》，知公驭众之道、克敌之勋与夫学术之大、德履之醇，所以豫为致身之干，昭昭在人耳目，复奚庸赘。唯本所之人所以祠公之意，而言曰："凡人相与，在则感，去则忘。今夫豪杰之士将所规恢于天下，能使人知感，不能使人兴去后之思；能使人见思，不能使人之终不忍忘。何则欣戴出于思□，□浃之深；而□□□于时，地隔绝之远，夫人则然也。乃若在而感、去而思、久而不忘，其必湛恩汪濊，足鼓人心，而肤公烜赫，足系人望焉者也。"公为金门，御以公廉，孚以恩信，有荆楚剑法以教士卒，有诗书礼乐以育英才，有圣训规条以帅父老子弟行乡约。乃今甲胄之士，人人公侯腹心；而白皙青衿，间亦崭然露头角。公之教也，斯不亦湛恩汪濊，足鼓人心乎！至其守汀、漳，而山海剧寇一鼓就歼；守钦、廉，而交黎异类俯首体顺；镇直，而积岁倭患指日迅扫；调大同，而达虏毙千矢石至双。轮不远，它若张连之乱、莆阳之变、惠来之警，亦以次廓清，斯不亦肤公烜赫足系人望乎！夫其恩足鼓人心也，是故人知感而碑竖焉；夫其功足系人望也，是故人不忍忘而祠建焉！昔羊叔子守襄阳，百姓为建碑，望者罔不出涕；狄梁公为魏州刺史，百姓立之生祠，过者俨然，岂不足颂甘棠之爱！然见碑坠泪，不过一时感触，岂若岁时有祀、致爱致懿之为有常也。过庙肃恭，要亦止于一方一隅；较□武平、定海等处，在在有碑有祠，吾又不知其孰为盛也。以此观之，则世谓古今人不相及，殆未为通论也。公名大猷，字逊尧，原籍直隶凤阳府霍丘县人，世泉州卫前所百户，以魁武科授正千户，累迁都督同知，"虚江"其别号云。

明都督俞大猷暨夫人陈氏墓志铭拓片

岁嘉靖甲子冬十月之吉，赐进士出身、南京户部山东清吏主事、同安南洲许廷用撰。广东庆州府守备署都指挥杨宏举，掌金门所事泉州卫指挥使王国柱，标下把总黄元爵、洪道谦、曾柏龄、王可兴、李柱春、李祥□暨本所诸耆士并同立。

6. 白仁

白仁，字道显。世兴化卫中所千户。少喜奇功，遇事敢任。嘉靖三十三年，海寇猝至，仁以分巡姚凤翔檄，领水军捕追至连盘四湾，与指挥丁桐并力奋系生捕倭寇一十四人。又再岁，寇登福清，屯海口。仁以参将尹凤檄，率所部兵先尝贼锋。仁持槊跃马，列栅于柳尾为阵，以迟而贼势锐甚，时与仁军同遣者各顿兵依险自保，仁刺血矢众。薄暮风起，贼见仁阵整，未敢侵轶。是夜，仁出巡徼，斩伏听者四人。迟明，复阵于东岳庙口，方蓐食而贼忽从间道至，仁持短兵接战，杀伤相当。久之，兵寡力困，援者不至，而贼突出于背，以鏦什之，仁犹空龃麾腕作死贼状，顷绝。时十一月望日也。抚按具实以闻，诏赠明威将军，加秩二级，子孙世袭指挥佥事，仍命有司庙祀。南城东有忠勇祠。[1]

（1）忠勇白公祠碑

忠勇白公祠碑原在南门会生宫，现存三清殿碑廊。碑文如下。

忠勇白公祠碑

忠勇祠，祀故兴化卫中所千户白公仁也。公少颖敏，好读书，以忠节自许。嘉靖／三十三年，海寇猖獗，公领巡海大夫姚凤翔檄，督水军捣连盘四澳，擒倭一十／四人。再岁，寇□掠海口，公领参戎尹凤檄，帅所部兵先尝贼，持槊跃马，列栅柳尾／为阵。贼势锐，同遣者各顿兵，负险固垒而待，公刺血矢众："灭此而后朝食。"寇／殚公阵整，未敢侵

[1]（乾隆）《莆田县志》卷二十九／人物志／武烈传／明。按：原书作“嘉靖二十三年”，据《忠勇白公祠碑》改为“嘉靖三十三年”。

忠勇白公祠碑

轶。薄暮风起，公度有变，夜巡，斩伏听者四人。迟明，军东岳庙/口，方蓐食，倭猝拥突。公持短兵奋战，决命争首，杀伤相当。久之，兵皆创痛，不任/干戈。公独震怒攘臂，奋呼犯阵，搏斗□疾，倭奴□视夺魄。竟以援绝，中鏦而仆，/犹空龃麾腕，作死贼状，顷绝。时十一月望日也。抚按上其事，/天子恻然□之，/赠明威将军，加秩二级，子孙世袭指挥佥事，命有司春秋血食之。讵嘉公忠勇已？/所以为人臣风也。

知兴化府事曹城范梅谨识

（2）白仁将军纪念馆

白仁将军纪念馆位于莆田市涵江区三江口镇白家村。白仁将军殉国后，江口民众感念将军，在将军故里江口镇白家村建庙奉祀，民间称之为“将军祠”，后圮。现存纪念馆系在将军祠原址上重建。

白仁将军纪念馆

7. 欧阳深

欧阳深，字德深，号东田，南安东田人。少为郡诸生，性慷慨，家世饶赀，深以好施尽之，人亦以此德深。嘉靖三十六年以后，闽被倭害日惨。四十一年，复合叛民数万，发掘坟墓，求赀赎尸，人益汹汹。深时以纳级授泉州卫指挥，提兵拒贼荀江。尝从数骑直入贼中观其虚实，贼素畏深，不敢害。深归，遣人谕以祸福，贼率众来归者不绝。深结纳出于至诚，日以私财市牛酒犒赏之，选其悍而鸷者置左右，不疑。人皆感愤，乐为用。嘉靖四十一年春，率兵攻贼施思备等于东田乡，破走之。遂进剿青阳、陈村、下衡等处，贼酋高老等遁。五月间，进攻江一峰诸贼于□溪，至于尾岭山径，连破七寨。复进兵英林、潘迳等处，击退李五官，擒杀韦老等。遂追剿水田、下浯等处，斩获倭贼百余级。乃遣人宣谕，谢爱夫、黄元爵、陈子爱等俱弃甲来归，散其党万四千余人于□。贼首苏光祚、康人福等闻风各来归。独江一峰、李五官等遁据沿海，拥众尚有万余。深遣人抚谕解散，乃督千户王道成、百户百希周分道追剿，生擒江一峰、李五官、□蛮老、施思备、王二千、李三直等一百一十八人，献俘斩于市，泉郡始宁，论功进行都司。其年，倭破兴化城，尽掠金帛，出据平海卫，伺舟出海。军府檄深应援，兵次东萧，与贼战，斩首百余级，乘胜直进。贼来援者众，深与部士薛天申、周岳镇等血战益励，皆死之。事闻，诏立祠，岁祀，录其子孙世袭指挥佥事。深自太学纳级归，书唐人诗句“家散万金酬士死，身留一剑答君恩”于壁，至是不负夙志云。[1]

（1）昭毅将军祠

昭毅将军祠位于南安市东田镇。现为一栋三层仿古建筑，一层为店面，二层为居室，顶层则供奉着东田历史上的杰出人物——欧阳深。

---

[1]（万历）《泉州府志》卷十三／武卫志下／武绩／国朝。

昭毅将军祠　李想摄

（2）欧阳深墓

欧阳深墓位于南安市东田镇桃花山麓，墓丘呈凤字形，花岗石墓碑，为夫妻合墓，阴刻楷书直写“明骠骑将军欧阳公，诰一品夫人赵氏”。墓区长 28 米，宽 18 米，占地面积 500 多平方米。

（3）都指挥欧阳公平倭碑

该碑现存于泉州市小山丛竹书院。

（4）欧阳将军忠节祠碑记

该碑原本存放在位于泉州市区北隅模范巷的不二祠里，“文革”期间移至开元寺内的泉州文管会。现由泉州市博物馆保管。碑文如下。

欧阳将军忠节祠碑记

赐进士出身、奉政大夫、奉勅分巡兴泉道兼管兵备、福建按察司佥事、成都凤野何全让，吴郡周天球书并篆

夫士怀蹇蹇之忠者，或歉济时之才；负廪廪之义者，或亏立身之节。四者备矣，而特自树立以表见于世，古谓奇男子，非耶？君名深，字德

欧阳深墓　李想摄

深，唐四门助教詹裔，世家南安东田，因号东田。君生含双阳之精，符三台之数，倜傥有奇气，美容仪，音吐琅琅宣畅，不喜徇时，好澂忍相效，庶几国士之风。会倭夷匪茹流薄漳泉兴福间，漳泉兴福亡敢发一矢。君以成均纳级高卧清源，有中丞王方湖公者檄君，君仗剑而起，慷慨运筹，悬赏募兵。一时悍勇艺能之士素知君，翕然从之，愿为君效死。君出次郡郊，引药弩，歼数千倭。倭走同安，追之梵天山，又追之长泰，两战两捷焉，由是威名日振振起。至月港，开谕诸酋，散其党二十四将。事闻，赐白金彩币。逾年，倭益猖獗，山海无藉，影附风从至十余万。崇武、永宁相继陷失，发冢质棺，惨及枯骨，郡城震恐。中丞游让溪公，继王公又檄君。是时，贼巢双溪口八尺岭，谋绝郡城饷道。君雨夜扁舟，率师袭之，贼觉慴缩莫敢斗。诘朝大战，连破七巢，潘径、沥洲、六路诸巢皆下。君度贼携贰可抚而散也，请给帖便宜，招降散者数万人，就令计执江一峰、李五观（按：碑作“李五观”，文献作“李五官”）二

小山丛竹欧阳公平倭碑

酋，戮于市。泉郡抵宁，我武维扬。事闻，钦授署都指挥佥事，专职泉漳地方。居无何，倭陷兴化，中丞又檄君往。或谓："莆非信地，可无往。"君曰："事急不往，非义也。"乃进濑溪，与贼对垒。贼弃城走崎头堡，君入城抚摩遗黎，移营逼贼垒仅十五里，俟救至。贼悉众来攻，或又谓众寡弗当，可且退。君曰："临难而退，非忠也。"乃逆战。移日晚，身被二枪，犹手刃二贼而死。夫死，人人能，即勤事之忠，赴难之义，具才之美，守节之坚，与睢阳张、许屹屹今古争雄，可能哉？旬日救至，贼亦灭，郡人痛君益加切，相向失声挥泪。天子悼之，赐立祠祭祀，给棺殓费，荫子孙世袭指挥佥事。君冢子模，足绍弓裘，振门阀，拓光先业者，举进士，让弟生员枢。枢授职归自本兵，祠适落成，俨然肖像焉。嘉靖丙寅之春，全率郡大夫拜于祠下，相与咨嗟，喟名莫隆于不朽，劳莫大于定国，骏烈勒于钟彝，鸿禧光于奕叶，乃树碑镌石于祠之右，为之颂曰："种木自庇，种玉自芳。将军东田，厥种孔臧。郁郁其文，桓桓其武。以正以奇，以宁海宇。以宁海宇，招降解散。赖之生存，不下数万。将军勋德，获福匪诬。竟如之何，而死于莆。英风烈烈，浩气洋洋。将军之死，万古纲常。北山春霁，翠开千嶂。洛水云寒，碧落汤汤。山高如峙，水流不息。有祠在焉，天地罔极。"

嘉靖四十五年四月□日，泉州府知府万庆、同知谭维鼎、通判潘璘、推官钟崇文、晋江县知县谭启等立石

8. **邓城**

邓城，其先沙县人。洪武初，以功授滁州百户。历二世，调泉卫。城登甲午武科第一人，袭父爵，以功授中军指挥，升广东佥书、游兵把总、通泰参将，累官至提督狼山副总兵。城状貌魁伟，家贫力学，喜宾客，娴骑射，沉毅有谋。浙值倭寇猖獗，奉檄赴援，大战于徐公山、普陀、莲花洋、羊山、阳弋桥等处，斩首千余级。王江泾、陆泾□之捷，皆与俞大猷共事，论功相亚，升狼山副总兵。方□置舟师，适倭寇百船

突至，城兵不满四十艘，攻沉倭船无数，贼焚舟登岸，犯白蒲、如皋，复奋击之，擒斩几尽。时严氏柄国，使人征贿。城不为意，被嗾□逮系落职。从云中李总督，以卒千人破鞑虏万余众。是年，倭攻陷兴化府，闽巡抚以城请。拔城云中，拜闽游击将军，未几卒。城微时与俞大猷为刎颈交，及奋行间，立战功，其勇略气节亦相类云。子镳，登己丑进士，官南阳守，有声。子钟，丁丑武举，任贵州总兵。[1]

（1）邓城墓

邓城墓位于泉州市丰泽区东海街道洋茂村。墓坐北朝南，长 12.88 米，宽 7.2 米，占地面积 180 平方米。墓系邓城与其母权氏、其妻李氏的合葬墓，墓碑由邓城的三个儿子邓铨、邓镳、邓钟所立。邓城墓由墓埕、墓桌、墓碑、墓丘组成，墓型呈凤字状，墓丘为封土堆。墓碑上由左至右阴刻“狼山总兵寒松邓公”“安人邓祖母完节权氏墓”和“淑人邓母淑德李氏”，墓桌上有精美纹饰。

邓城墓

[1]（乾隆）《泉州府志》卷五十六 / 勋绩 / 明勋绩 / 邓城。

邓城墓志铭

邓城墓碑

（2）邓城墓志铭

邓城墓志铭系刑部郎中史朝宾撰写，现存于泉州市海外交通史博物馆。

9. **傅应嘉**

傅应嘉，字德弼，号钟山，一都锦塘人。幼魁梧伟丽，头角崭然，稍长膂力过人，通孙吴兵法。嘉靖三十一年，武举第二名。时倭寇横行闽粤，应嘉授把总，同俞大猷、戚继光收复之。身历七十余战，每先士卒，大呼陷阵，所向无敌，故有“俞龙、戚虎、傅蛟龙”之号，威名震于南粤。尝率众偷营，至其所，见军士皆有寒心，令住营外，挺身独入，诛其黠者，而贼弗觉也。遂将短剑截开一面鼓皮，翻底下一面击之，潜坐鼓中，寇慌乱自杀，不知所从，其伟胆奇谋，古无以过也。事闻，超升建宁行都司，统四卫，每卫五千六百人。应嘉所统，计二万二千四百人。故世传有鼓手升都司之谣。后值吴平不轨，占据广东郡县，僭号纪元，民无宁处。世宗命应嘉往讨之，锡以剑印，不用命者斩。于是，提师南指，连擒贼首七次，粤东悉平。凯旋，世宗大喜曰：“维彼粤寇出没海滨，卿以何计擒之？”对曰：“臣奉圣上神威，竭股肱之力，与吴平舟师角胜负，每风漂浪涌，辄驾巨舰冲波出战，战无不克。”而世宗亦以“蛟龙”称之。当其七擒吴平也，平曰：“将军神武，某不敢复反矣，愿乞骸骨敕归，为化外绝域之人，死且不朽。”应嘉辄舍之，而忌者遂谗之，以为得平重宝。穆宗登极，朝议委内臣三学士到锦塘搜家，并无贼据。内臣复命，诏复前职。诏书已到三日，应嘉尚未知，郁郁曰：“大丈夫不能死沙场，马革裹尸，今日死于谗谄之手，天也。”忧忿自弃，年四十有四。[1]

（1）傅应嘉墓

傅应嘉墓位于南安市霞美镇金山村。占地面积约 500 平方米，坐南向北。墓丘为三合土构筑，平面呈凤字形，面阔约 8 米，进深约 10 米。龟背形坟丘前立墓碑，高 2.5 米，宽 0.5 米，上刻“福建都司昭勇将军”。墓前原有石人、石马，现仅存石狮和望柱。近年重修。

（2）傅应嘉墓志

傅应嘉墓志现仅存残片，收藏于南安市霞美镇四甲村锦堂自然村坎井祠堂内。

[1]（民国）《南安县志》卷二十八 / 人物志之四 / 明 / 武宦绩。

传应嘉墓

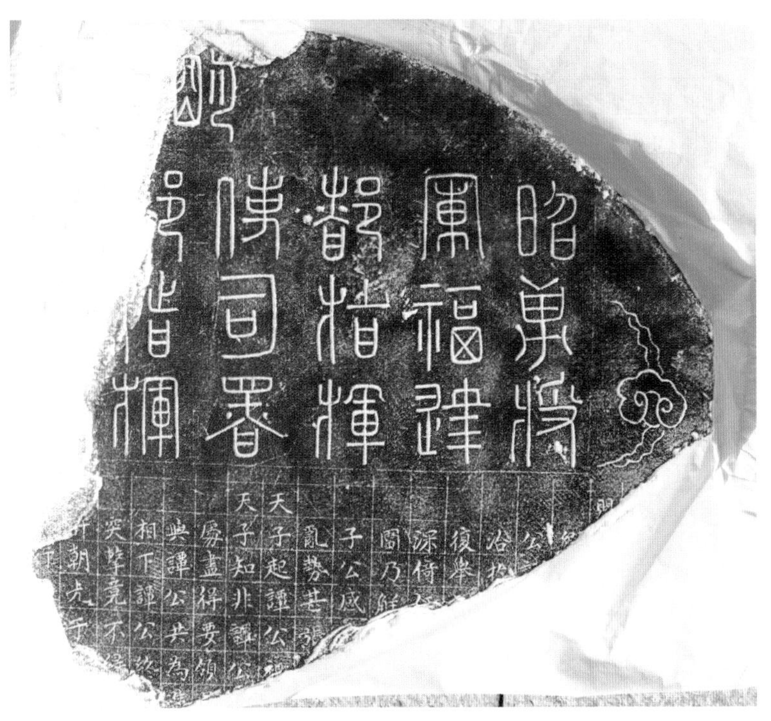

传应嘉墓志残片

10. 沈有容

沈有容，字士宏，宣城人。万历七年武举，由世荫千户都司佥事授指挥，守浯屿钦依把总，各指挥听其节制。时遣中官监税，只及货物而米粟不与焉，征者诡云："米粟不税，但税米粟船。"于是度广狭、准额赋，民甚苦之，奔告有容。有容曰："税船则粟不至，民益艰食，此假托滥征，中官固不闻也。"即为走檄请命，而中官果谓不闻，亟罢之。环海商民感德勒碑。既而太守程朝京以浯屿水寨北去崇武四百里，缓急莫应，议徙寨于石湖，属有容经理。爰度地相宜，庀材鸠工，监司防海寨署及元武祠、演武场，次第兴建，屹然重镇。二十九年，寇掠诸寨，有容击败之。逾月，与铜山把总张万纪败倭于彭山洋。倭踞东番为巢，四出剽掠，沿海戒严，有容阴诇其地势，部署战舰，以二十一舟出海，遇风存十四舟。三十年腊月，乘风破浪过澎湖，与倭遇，诸士卒殊死战，勇气百倍，格杀数人，纵火沉其六舟，斩首十五级，夺还男女三百七十余人，倭遂去。东番旄倪壶浆饩牵来犒我师，曰："沈将军再造我也。"海上息肩者十年。事闻，将吏悉叙功，有容止赉白金而已。三十二年七月，红毛番长韦麻郎驾三大艘泊澎湖之岛，通译求市。税使高寀受赂，召之也，佥谓兹举利一害百,万不可从以属。有容乃轻袍缓带，径登其舟，为谭陈国家威德，封疆峻限，与夫主客劳逸之势，持久坐困之苦，声韵雄朗，意气磊落，麻郎感悟，索还所赂寀金，伺风便扬帆而去。自是鲸鲵消戢，溟波永靖，濒海之民咸颂其德。后历登莱总兵官，卒赠都督同知，赐祭葬。[1]

（1）沈有容石像

沈有容石像位于石狮市蚶江镇石湖村林銮渡遗址。

（2）沈参军定海新署落成碑

---

[1]（乾隆）《泉州府志》卷三十一／名宦三／明／浯屿把总。

沈参军定海新署落成序[1]

闽中都东治，环八郡，山谷硗陿，鲜地财，民就食于海之蒲羸鱼蛤。左方直东越，右方直南越，张嗉而仰縠焉；盗贼哽之，縠恒涌。东北直倭罗（按：《闽海赠言》作“奴”，碑作“奴”），倭／罗（按：《闽海赠言》作“奴”，碑作“奴”）悍，跿跔科头，提白刃跳荡如蜚，一以当百，颇有中国人相辅。有司严禁关市铁器，用以别异蛮方（按：《闽海赠言》作“夷”，碑作“夷”）。而彼之铁剑倍利，需我之蚕丝、陶器、布物／益甚，中国人因奸兰出物与之交，或勾之攻剽郡县，于是乎海上楼船三万师如鱼丽，经制益密矣。皆故戚将军遗教也。余（按：《闽海赠言》作“予”，碑作“余”）奉／敕书治兵温麻，东行海上，不觉望洋而叹曰：“甚乎哉！天下之大利大害也！”盖中国东南负海万余里，西南闭（按：《闽海赠言》作“闲”，碑作“闭”）昆明，莫能通。汉张骞号能凿空，第云：／“居大夏时，见邛竹杖耳。”而西极人为余言：“大夏以西、筰以东，冉駹白马以北，天竺（按：《闽海赠言》作“竺”，碑作“竹”）、乌弋（按：《闽海赠言》作“身毒”，碑作“身毒”）诸国，无不需中国蚕丝、陶器、布物。每从海道，扬大舶与／我市，南越则番禺、闽中则蠡宋，举章亥不步之地、大禹不贡之民，岁航数百巨万金，而我第以蚕丝、陶器、布物之奇羡者为购，使当管仲握算、／范蠡持筹，用以偿西北士马备胡之费，岂不亦利哉！”然此豪杰度外事，非凡所见，必不能行。有其一日为奸雄所涎，踞要害而眈视之，百世以／后，其害忍言乎！即如东番居海中，瓯脱千里，其人窜于奥莽，标野鹿为生，衣食粗恶如鸟兽，然其中无可欲者，故裔（按：《闽海赠言》作“夷”，碑作“夷”）汉粗（按：《闽海赠言》作“麄”，碑作“粗”）安。近奸与盗佯言辟／草莱，而阴欲开四裔（按：《闽海赠言》作“夷”，碑作“夷”）之市；市既开，倭罗（按：《闽海赠言》作“奴”，碑作“奴”）必荐居，易种于兹土，闽中百世之害也，大有萌

[1] 按：据《文直行书》及《闽海赠言》参校。

沈参军定海新署落成碑

芽矣。幸宛陵沈参军士弘曲弭其事，而罗其奸与盗，厥／谋不竟。幕府论徙薪之功，而定海新署适成。参军为余曰：“定海实使君履，吾侪藉使君监护以有今日，请一言为宠。”而署之规制始末，福唐相／君已（按：《闽海赠言》无“已”，碑作“已”）详哉其言之矣。或曰：“署其传乎？”余曰：“定海故无署而忽有署，犹海故无田而忽有田也。吾恶知其传，传者其人耳！”余所闻，参军本良家子，／举射策随以蹶张，从故李将军备边（按：《闽海赠言》作“胡”，碑作“胡”），捕生（按：《闽海赠言》作“虏”，碑作“虏”）斩首过当，法当得千（按：《闽海赠言》作“万”，碑作“万”）户。参军曰：“吾何爱千（按：《闽海赠言》作“万”，碑作“万”）户也，愿得金酬平康，贳酒负谢诸故人赠遗耳。”遂装千金／入长安，日夜与穷交恶少年醉高阳市上，时拥赵女，弹弦跕躧为乐，不数月，而橐中装顿垂矣。故事：司马门主吏拜大将如呼小儿，偏裨以下／视金多者予善地。是时参军年少，何知谒主吏，竟令护三百人乘一嶂间，无所事事。会银夏蕃帅叛，参军遣人上书司马门，愿得一当行间自／效。司马怒而笞其上书人，曰：“咄嗟！而小校何敢言事！”参军乃投戈南归宛陵，治产积居与时逐，而树蓄田渔之入，远过备胡时，所游皆天下名／士，声益噪。于是海上有大役，无不以参军可急使。东越急则参军在东越，闽越急则参军在闽越。自小校积日累劳，结发与倭奴、红番、盗贼大／小数百战，是宜肘后金印如斗，奈何四十年功名，犹仅仅定海参军也！毋其不善事贵人与？毋其不谒司马门主吏主进与？抑有功辄以分下，／不擅杀降敌（按：《闽海赠言》作“虏”，碑作“虏”）与？当在东瓯也，交趾估舶以海风波阑（按：《闽海赠言》作“澜”，碑作“阑”）入内地，部曲皆从臾曰：“斩其首，可以告庙。”参军曰：“骆人，即吾人也，尔曹不畏道家之言乎？”／以他艘授指南，令其逸去。比闽有东沙之倭，参军以计缚百人，上幕府，议者曰“此倭非反者”，诎其功。参军复飘然归宛陵，屏居敬亭山中，以射／猎为娱。居无何，倭且谋攻牢，计与奸兰篡取之为解脱，七营卫士遮斫市门相纷拏，衢血欲流，此即乡之所为非反者倭也。而参军之功，诎而／复白。又急使之备盗贼，为巡徼将，盗贼竟平。幕府课最，请以副将军假守定海如故。吾不知参军亦与司马门主吏主进未？嗟乎，参军非大丈／夫也（按：《闽海赠言》无“也”字，碑作“也”）耶！奈何不即为真将军哉！参军自此传矣。熊子喜其新署之成，遂作定海歌以落之。歌曰：蛟龙骋兮啮扶桑，柏（按：《闽海赠言》作“拍”，碑字不清，更像“柏”）天日兮旰旰汤汤。谓海若仁／兮地得宁，经万里兮吾山平。万里贡兮来荒裔，奠炎区兮垂后世。归墟安兮神哉沛，盖屋高明兮功无外。

明万历己未秋盂福宁治兵使者豫章熊明遇□□顿首序

（3）沈有容俘倭摩崖石刻

沈有容俘倭摩崖石刻位于福州市连江县马祖白犬列岛东犬（东莒）岛老头山南麓，又称大埔石刻。字面朝西，字幅宽约2米，高约1.5米，楷书“万历疆梧大荒／落地腊后挟日（明万历四十五年五月十五日），／宣州沈君有容，／获生倭六十九／名于东沙之山，／不伤一卒，闽人／

沈有容俘倭摩崖石刻

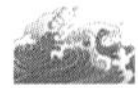

董应举题此”。1965 年，国民党驻军在摩崖石刻上盖石构怀古亭予以保护。

（4）浯屿天妃宫碑

该碑现存于龙海市港尾镇浯屿天妃宫内。碑高 1.83 米，宽 0.87 米。

重建天妃宫记

万历辛丑夏，余时承乏浯铜，奉檄南征。谒神亲睹楹宇□□／，实心徼厥灵俎战捷乎？请更诸爽垲者。于是师抵南澳改□／彭山，歼之。聿怀神惠，日笃不忘。乃筑、乃塈、乃石、乃材、乃建前／堂。前堂翼翼，

浯屿天妃宫碑

乃开后寝。后寝肃肃，标拓旧址，深广倍之。于是，／居民过旅，爰逮兵士商渔罔不走集，敬共祝祷，灵益赫然矣。／呜呼，神匪人弗依，人匪神弗佑。余兹量移石湖，弗获岁时皆／祀。然出王游衍神罔弗及，所以籍休奋武，曷其有既。□肇辛／丑孟冬，竣壬寅仲春。庸勒贞珉，识其始末。

万历三十一年岁次癸卯秋九月朔日

钦依浯屿水寨把总以都指挥体统行事署指挥佥事直隶宣／城沈有容撰

11. 陈第

陈第，字季历，号一斋。戚、俞麾下抗倭名将，官至游击将军，著有《东番记》《五岳游草》《毛诗古音考》等。陈第墓位于福州市连江县浦口镇官岭村外。墓建于明天启三年，占地面积 40 平方米，坐西北向东南。墓丘为三合土构筑，宽 5 米，进深 4 米。龟背形封土前立墓碑，高 0.6 米，宽 0.4 米。上刻“明一斋陈先生墓道，岭东友人黄琮题，浙东

陈第墓

陈第墓墓道碑

门人徐亮立”。墓东南1.5公里外的官岭村中，立一墓道碑，高2.75米，宽0.75米，上刻“明一斋陈先生墓道，向西坐癸亥，友人黄琮、门人徐亮造”。

12. 胡守仁

胡守仁，字子安，号近塘。祖应海，应天句容人，洪武二十一年以开国功，授观海卫中所百户。守仁袭职。嘉靖三十五年，属参将戚继光部征立洋剧贼，歼灭无遗。贼据岑港，三十七年，守仁随继光往征之，亦多斩获。复平贼于温之梁湾，台之松门。江西土兵作乱，继光以守仁为先锋往击之，平其党而归。兵宪徐某以“西征敌忾”旌其门。四十一年，击台州大水洋贼，大败之。又随继光剿贼于闽之延邵，亦大捷。攻克横屿、解困仙游，守仁有首功。海寇林凤纠党剿掠，巢澎湖岛杀人，守仁率把总王汉等翦除之，以功升都指挥、浙江总兵。[1]

（1）梅花所德政碑

该碑现存于福州市长乐区梅花镇。碑文内容：皇明／万历己丑年五月吉旦／廉明仁断胡公之碑／梅城千百户军民仝立。

梅花所德政碑

[1]（光绪）《慈溪县志》卷二十三／名宦传／明；《戚少保文集》二（疏）／上应诏陈言乞晋恩赏疏；（崇祯）《闽书》卷六十七／武军志／皇朝／总兵。

（2）南日胡守仁德政碑

该碑位于莆田市东南部兴化湾南日岛镜仔宫前。碑文内容：万历甲午季秋吉旦／钦依都司胡公德政碑／中哨官梁一鹤率捕盗傅□、刘宗、蔡仁、□□、黎□、杨凤、朱□□、陈异、□□□、龚良□、杜□进、□□□同立。

（3）莆禧所大参将胡公遗爱碑

该碑位于莆田市秀屿区莆禧村。高 2.6 米，宽 0.78 米，底座长 1.2 米，宽 0.7 米，高 0.5 米。圆首，云月图案。上款“时隆庆元年季夏吉旦立”，下款“公讳守仁学□□别号近塘，浙江观海人也”。

南日胡守仁德政碑

大参将胡公遗爱碑

13. 钱储、王铁

钱储，崇武所千户；王铁，崇武所百户。嘉靖三十八年三月，漳奸民率倭薄城。储督北门，铁督南门，寇不能克，相持不余日去。明年，百倭乘雨夜潜，梯城而上，分布巷陌，城中无一知者。平明觉，势已难支矣，储铁皆力战死。[1]

在崇武，现有一座现代重修的无祀宫纪念祠，祀抗倭将军钱储、王铁等。另据称，崇武古城里的护龙宫、崇山宫、崇报祠、元饲宫、十二爷宫，都是为纪念抗倭英雄而建的。

无祀宫纪念祠

[1]（嘉庆）《惠安县志》卷二十 / 军功 / 明。

（二）文献无征的抗倭将领

在调查中，笔者发现有一些文献上没法找到依据，但在民间传说中言之凿凿的抗倭将领遗产。

1. 周德兴

周德兴作为明初福建卫所城池的倡建领头人，将其作为抗倭将领，是有理有据的。在莆田市秀屿区平海村有一座城隍庙，即原平海卫城隍庙。平海卫城隍庙在清康熙复界后重修，占地面积600多平方米，建筑

平海卫城隍庙

文化层次丰富。现保存有宋代菱形柱和覆盆柱础、明代阙状墀头墙和抱鼓石。现存建筑为一座三进封闭式院落，庙分大门正殿和后殿。关于平海卫城隍庙供奉的神灵，现在流行的说法大抵如下：明洪武二十年，闽省总督周德兴首任平海卫指挥，吕谦奉旨建卫城，并同时盖城隍庙，拆莆田兴化城城墙盖平海卫城。周德兴死后，平海人民感其拒寇庇民之功德建城隍庙，特上奏朝廷封他为卫城城隍庙城隍爷，敕封每年春秋二祭，明朝礼部法定每年正月初九城隍爷代天出巡，永乐帝赐平海籍十八国公平海卫点灯。

必须指出的是，上述说法并没有得到任何文献的支持。而且，现有建筑也基本为现代重建，没有明代建筑的痕迹。

2. 林位

（1）梅花镇林位宫

林位宫位于福州市长乐区梅花镇。

（2）兰圃石岗都督府

石岗都督府在福州市闽侯县祥谦镇兰圃村东500米。占地面积300多平方米，坐北向南，砖石木混构。建筑依次有前廊、天井、左右回廊、大殿等。大殿面阔三间，进深五柱，穿斗式减柱造木构架，斜山顶。内祀明代抗倭将军林位，府内保存有道光皇帝赐授“勋劳卓著”等联匾。

据《梅花志》所载，梅花所的林位宫，原名调羹境庙。庙中有一联“移荣信，镇调羹，十字褒封光唐室；显神兵，距海寇，千秋享祀报梅城”。[1] 很明显，林位应该是在唐代就已被封为神灵，在明代抗倭时有显神迹拒倭寇的表现。

目前相关材料及民间传说中关于林位的说法不太准确，而且两处庙宇也已完全是现代建筑。

---

[1]《梅花志》建置/古迹/调羹境庙。

兰圃石岗都督府

3. 孔兆熙

（1）后积万灵宫

后积万灵宫位于莆田市荔城区北高镇后积村北，占地面积 3448 平方米，原名永兴社。据称，明嘉靖年间，当地民众将万灵宫的抗倭名将孔兆熙移祀于社内，并悬挂原万灵宫匾，故永兴社亦名万灵宫。

后积万灵宫

（2）江东飞燕府

江东飞燕府位于莆田市荔城区黄石镇江东村。据称当初孔兆熙被倭寇杀害后，飞燕成群保护其遗体，江东村民众于是在其牺牲地建起飞燕府。现存庙宇为近年新建，府内现有“飞禽率阵行义举，燕翼盖身慰忠魂”楹联。

江东飞燕府

上述两处庙宇所供奉的抗倭将领孔兆熙，据称为广东水师将领，奉命于嘉靖四十一年率军援闽。但笔者翻阅文献资料，未见这位将领的姓名，也未见有从广东调兵援闽抗倭之举。

4. 朱圣彬、戴嘉祉

平海彰善庙位于莆田市秀屿区平海镇平海村，又称“王爷庙”，位于古卫城南门外西至。

据称创建于明嘉靖四十二年，是为纪念抗倭英雄朱、戴两将军而建的庙宇。几经重修，1980 年重建。庙宇规模较小，占地面积 300 多平方米。供奉的朱将军，姓朱，名圣彬，莆田县平海人，举人出身，官至守备，为戚继光部将。戴将军，姓戴，名嘉祉，莆田县渠桥人，官至副将。两位将军追随戚战，身先士卒，英勇杀敌，立下赫赫战功。平定倭祸后，两位将军奉命镇守平海卫城。他们马不下鞍，带领士兵帮助平海人民重建家园，修堤筑澳，修房筑路，发展生产。朱将军精通医术，在战后遭遇的瘟疫中，又带领士兵四处采药，深受平海人民爱戴。

传说，朱、戴两将军逝世后，戚继光将他们的事迹上奏朝廷，朝廷封他们为“东南王”，让他们永远巡视东南沿海，保护一方百姓平安。但笔者找不到任何关于两位抗倭将领的文献记载，庙宇也是现代重建。

平海彰善庙

二、抗倭官员与士绅相关遗产

1. 周焕

周焕，金华人，永福知县。嘉靖三十八年五月五日，倭寇突至，屯于汰口。适兵备盛使者由泉州将千余人入会城，假道于县，经宿闻倭至，亟引兵去。知县周焕率士民留之弗得，独留浦城兵二百人。焕乃集民兵与浦城兵分堞共守，寇环攻之急，焕率民殊死战，寇中药矢死者百余人，势少却。会浦城兵守三铺者先缒去，西北二门守者从之，三铺及西北民皆从之。寇乘绠由三铺上，而城遂陷。时五月十二日也。日已晡，东南民尚力战，然势不可为矣。焕与乡官黄楷、林居美，诸生黄槐、林大有，编民黄浩、张麟皆战死。是时浦城兵有识大有者，挽之使去，大有啮其

新安井

腕绝之，竟遇害。事后，建周公祠，祀知县周焕。旧在狱房之左，仅有数椽。隆庆六年，知县陈克侯重建于育才社学后。万历三十年，耆民林世仁等请于知县徐嘉言，以守城死义乡官黄楷、林居美，诸生林大有，输粟死勇民鄢俊配享。[1]清初，祠已废。雍正九年，教谕杨盛绿捐俸鸠工，重建于学官之左。[2]

祠现已不存，仅存新安井一口，据说是城破后，周焕被倭寇杀害的地点。

2. 奚世亮

奚世亮，字明仲，黄冈人。嘉靖二十六年进士，以南户部郎转延平府丞。时倭夷寇闽，或止其之任，世亮不可，单车行。日事御寇，移摄兴化府。倭夷至，围兴化逾月，与武帅分城守，冒矢石拒之。城陷，犹西南迎战，身被数枪死。居二月，寇平，始得遗骸于员亭。事闻赠右参议，荫子，谕葬。[3]

笔者在本次调查中得知，清光绪年间为奚世亮新葺忠节祠的碑记《兴化府署新葺忠节祠记》，被一私人藏家收藏，虽经多方努力，终未能得亲睹，只寻获碑记照片一张。碑文如下。

兴化府署新葺忠节祠记

署东偏废圃内古冢累累，相传为有明倭／寇陷城日殉难官及其家属瘗骨之所。来／守土者朔望焚香楮垣外，时节荐食，以慰／幽魂。余悯其无所归也，划旧藏军器房中／西两楹而作新之制扁联奉香火，颜曰忠／节祠，冀神灵不恫无依，惟府志久失修，谁／某无记大属缺典。近读戚少保年谱，证以／明史纪传，始悉死者为赠右参议延平同／知权府事

[1]（万历）《永福县志》卷一／地纪／时事；卷二／政纪／官师、祀典。

[2]（乾隆）《永福县志》卷五／名宦。

[3]（崇祯）《闽书》卷五十八／文莅志／延平府下／皇朝／同知。

黄冈奚公世亮，字明仲，守城逾／月，力战以殉，事在嘉靖四十一年十一月。／乌乎，其公之灵奕有以诏我耶？抑忠魂历／久必彰，亦天理人心之不可泯灭者耶？爰／请上官闻于朝，入祀郡昭忠祠，增设栗主，／俾得春秋享祀，千古为昭。独惜公在当时／事势已无可为，效死弗去，风烈如此卓卓，／而一抔仅存，姓氏几湮，三百余年莫之有／表，至今而乃得享报血食也。微显阐幽之／君子，得毋与有责焉？年谱又云，某分守别／驾皆越城走，果尔，粮通判署西偏亦有古／冢，岂其家属与？抑记载偶失实耶？春秋疑／以传疑，不敢强为附会。光绪庚辰仲春之／月。

又考《莆田县志》，知与奚公同殉者尚有县训导卢公／尧佐，东阳人。亦续请入祀郡昭忠祠矣。景先附识。

赐进士出身、诰授中宪大夫知兴化／府事三原梁景先撰并书

兴化府署新葺忠节祠记

3. 林兆恩

林兆恩字懋勋。莆中从兆恩者所谓与夫子中分鲁，江以南方内方外闻风麇至，北面师之，创三一教，称三教先生。嘉靖三十七年，倭至莆城下，诸大姓与客兵约，能解贼围者予千金。兵跃然歼贼魁，还，巨姓欲食言，并鹊散。兆恩出私财五百犒之，皆大喜。三十九年季，莆城陷，贼据城中者百日，相戒毋犯陈孝廉及三教先生家。贼退，兆恩吊死问孤，施櫘给药，又以数百金。年八十余卒。莆穷山极海至三家聚落，莫不祀之。上而延建汀邵，下而晋安清漳，皆有三教堂以供遗貌。[1]

（1）林兆恩墓

林兆恩墓位于莆田市城厢区华亭镇后角村。占地面积约 70 平方米，坐北向南，墓丘石构，平面呈凤字形，面阔 6 米，进深 14 米。后墙正中刻“明三教先生子谷子龙江林公墓”。坟顶以整块石雕龟背纹，前置供台。墓前有 3 级墓坪。

林兆恩墓

[1]（崇祯）《闽书》卷一百二十九 / 韦布志 / 兴化府 / 皇朝。

（2）东山祖祠

东山祖祠位于莆田市城厢区东岩山南麓，建于明正德年间，原系林兆恩祖父林富建的东山樵舍，嘉靖二十七年后，林兆恩开始在东山樵舍讲学，把樵舍改称为东山祠。万历二十六年林兆恩逝世后，门徒于万历三十年把它改建为麟山祖祠，俗称东山祖祠，主祀三教先生林兆恩。现存祠宇占地面积3000多平方米，坐西北向东南，由山门、拜亭、正殿、两厢、两庑等组成，为现代重建。

东山祖祠

4. 李恺

李恺，字克谐，惠安人。嘉靖十一年进士，授番禺令，入为吏部主事，以稽勋调武部郎，出为湖广按察副使，宪楚六月罢归。嘉靖季，岛夷煽乱，惠安城危急，令方避言闭阁，署邑者避之郡城。恺率士民跪泣，拥令出登陴誓众，亲立矢石，御贼七昼夜，更为行金以携其党，贼解围去，惠人德之。恺殁，邑送葬者千余人。[1]

[1]（万历）《泉州府志》卷二十 / 人物志下之上。

现存乡贤祠，祠内供奉李恺，位于泉州市惠安县螺城镇中山北路，占地面积约190平方米，坐西向东，由门厅、天井、两廊和祀厅组成。

5. 万民英

万民英，号育吾，易州人。嘉靖二十九年进士。四十一年，以御史出为分巡兴泉道佥事。时倭寇扰攘，到处剽掠。民英分部捍御，撑前持后，恒身先将士剿灭之。复时时召致谋勇入军抚谕，凡所以措斯民于平康者，无所不用其极，自是方隅宁谧，民得粒食安居皆受其赐。建祠洛阳桥之中祀之，立碑记焉。升本省参议。[1]

（1）万公祠记

万民英祠现已不存，在泉州洛阳桥尚留有一方乾隆年间的碑记。碑文如下。

万 公 祠 记

余来署郡篆，见万安桥新城有石官露处焉，考为明／兵宪万公遗像。公讳民英，保定易州人。筑城御倭／寇，全活无算。泉人建祠于城，爱慕拟与忠惠比。参议／庄一俊详记其事。迄今荒圮有年矣。乃谋诸晋令王／君谕董事贡生李保庀材构宇，复开生面以祀／之，并勒石以垂示泉人。／乾隆壬午年正月长白嘉谟撰。山阴王经书。

（2）兵宪万育吾公克复崇武城记

该碑记原在崇武通衢亭中，现移入中亭观音寺（亦称莲西观音堂），嵌于左侧墙中，碑文已漫灭完全不可识，仅碑额篆书阴刻“兵宪万育吾公克复崇武城记”仍清晰可辨。《崇武所城志》称为“克复崇武城记”。摘录碑文如下。

（嘉靖三十九年）夏四月朔，贼结巨艘从海道乘夜袭崇武，戍人不戒，贼入其郛蹂焉，千户钱储、百户王铁死之。公曰：“崇武，惠之藩篱

[1]（乾隆）《泉州府志》卷三十／名宦二／明／兴泉道。

萬公祠記
余來署郡篆見萬安橋新城有石官露處焉考爲明
兵憲萬公遺像　公諱民英保定易州人築城禦倭
幾全活無筭泉人建祠於城愛慕擬與忠惠比叅議
莊一俊詳記其事迄今荒圮有年矣迺謀諸晉令王
君諭　董事貢生李保庀材構宇復開生面以祀
之并勒石以垂示泉人
乾隆壬午年正月長白嘉謨撰　山陰王經書

万公祠记

兵宪万育吾公克复崇武城记

也，贼入藩篱，且窥庭户，不一芟夷揃艾之，何以固吾围？”遂选锋厉甲，亲操矢石，当士卒前行，召朱千户紫贵计曰：“贼狂黠甚，宜以计歼之，可间入贼营，毒其汲炊，且引兵驻山前，以张犄角。”贼饵晨炊者辄死，揣贼穷，麾兵进剿，诸军鼓噪从之，贼且困且惧，夜弃城入海上以去。时五月十一日也。公檄舟师伏海岛要害，夹击之，贼死者不可胜计，而崇武城复。

公既休甲兵，劳将士，抚疮痍，悯死恤孤，复出帑金二百作，令复旧寨，筑旧城之圮者，命紫贵毕其役。于是崇墉屹屹，捍我海东，而内地晏然无事。[1]

[1]《崇武所城志》碑记，95-96 页。

庄用宾宅

6. **庄用宾、庄用晦**

庄用宾，字君采，号方塘。嘉靖八年联捷进士，后以事罢，时年三十一耳。倭寇逼郡城，缙绅分门部守，城门昼闭。用宾部南门，独据床坐门外，以次入避寇者，计全活亿万人。而与弟用晦募乡兵三百后先杀贼，贼大恨，发其父冢，取尸去。复偕弟用晦率乡兵直捣寇巢，负父骸以归，用晦没于贼。巡抚游震得上其事，不报，而用宾亦卒。乡人思用宾德，请于学使特祠祀之。[1]

庄用晦，字君显。用宾弟，弱冠为诸生，好施济急。值倭乱焚掠南乡，用晦督练乡兵，屡击贼于万石岭、震南桥等处。贼乃劫其父尸要赎，用晦随兄率家僮暨乡兵往双溪口捣贼巢，部分三路奋击。倭溃，连破十三寨，用宾夺父骸先归，贼见前兵稍远，下山掩斗，用晦奋身斩贼首三颗，力不支而毙，仆二人殉焉。[2]

（1）庄用宾宅

庄用宾宅位于晋江市青阳镇，占地面积 2692 平方米，坐北向南，五开间三落大厝。

---

[1]（乾隆）《晋江县志》卷九 / 人物志 / 列传（人物之一）。

[2]（乾隆）《晋江县志》卷十 / 忠义（人物之二）。

（2）庄用宾墓

庄用宾墓位于晋江市磁灶镇宅内村南侧，占地面积约1500平方米，坐西南向东北。墓丘三合土构筑，平面呈凤字形。墓室早年被盗，墓碑被毁。

（3）庄用宾撰抗倭纪事碑

该碑现存于泉州天后宫内。

7. **汪芳山**

汪芳山，四川成都人，嘉靖间任深沪巡检。三十七年，倭贼由海登岸，度势难敌，密令民从小路逸走，以身由大路逆之，故为迟缓，使民得以尽脱，遂死之，所全活万余命。时五月二十六日也。民为葬于本都，勒石纪事，即上帝殿旁为位，以其死难之日祀之。[1]

汪芳山神位碑

（1）汪芳山墓

汪芳山墓位于晋江市深沪镇烟墩山。墓原在深沪镇东南，1997年迁至烟墩山。占地面积约150平方米，坐西向东。墓丘由三合土构筑，平面呈方形，长2.24米，宽2.08米，高1.46

[1]（乾隆）《泉州府志》卷三十一／名宦三／明／晋江县巡检。

米。墓丘前立墓碑，高 1.2 米，宽 1.6 米，上刻“大明节义汪公墓”。

（2）汪芳山神位碑

该碑原在晋江市深沪镇后山城隍庙，现存于晋江博物馆。

8. 张士良

张士良，号起南。万历三十八进士，初授贵池令，后尹太和，分闱取士，江右称服。升户部郎中，出守宁波。时倭寇为患，士良既莅任，措饷调兵，设法备御，郡以宁谧。[1]

张士良故居位于漳州市云霄县火田镇菜埔村城堡内。建筑坐北向南，二进带二厢，由门厅、天井、厅堂、房间及两侧厢房组成。前厅明间内凹，大门置抱鼓石一对。建筑面阔三间，进深三间，宽 22.33 米，深 24.35 米，前为大埕，占地面积 543.73 平方米，悬山顶，抬梁式木石结构。故宅厅堂供奉张士良夫妇塑像。埕前有明代巨幅浮雕麒麟照壁，照壁由三方青石横向叠合而成，长 2.02 米，高 1.73 米，是明代浮雕艺术精品，具有极高的文物价值，相传乃张士良从宁波取水路运回之物。

[1]（嘉庆）《云霄厅志》卷十四 / 人物 / 明 / 缙绅。

三、抗倭士兵与义勇相关遗产

1. 松溪抗倭纪念坊碑

张德，松溪县人，雅负义气，胆力过人。嘉靖间，倭犯县城，城中拒守三越月。倭架云梯，高与城等，一倭舞刀跳入，德挥斧斫之，余倭尾而上者，俱应手砍堕城下，以火药掷烧其车。明日，贼不敢近，惟以铳弹远打城上。德不避险，竟为流弹所毙。倭解去，所全一城生灵，德之力也。有司建祠，春秋祀之，名曰永庇。

陈椿，字月泉，邑诸生。嘉靖四十一年十二月，倭寇围县，众推椿督守八门。时令命椿逆战，自晨至晡，大败之。次日，贼复以车梯攻四门，椿统兵壁洲进战，复大破之。火烧椿发，椿犹督战不休，倭气始夺。正月，援兵至，倭拔寨去。椿率众往各营收瘗死于阵者，兼请旌节妇某某。万历二十五年，推官许时谦采访，群议谓当时督理兵务陈椿之力居多，后以言忤当事，生革职，功刣两未白。

御倭者姓名附：

张德、曹成、叶朴、杨三、范隆、曹珊、程叙、范暹、叶洪、潘廷伟、廖清、何芳、严孟进、杨孙郎、刘清、蔡逢全、黄升陶、马惠机、夏长、范受安、魏杭、马钦、夏二、叶铨、潘奴、江胜、金三、范可久、董乌三、金汶、游好、邹荣吕、胡璘、曹璘、范安。

以上三十五人，皆奋力死敌，功绩昭著者。

连三、杨周、陈谦、严惠赐、徐中秋、曹惠安、叶昭、何于、郑佛成、江觅、范惠政、陈宗、范进、黄祥、范长、龚广、陈五、邵仁德、严五郎、黄旺二、龚尚、杨觅三、李受、陈赐、 黄胡、陈蛮、王田庆、

吴孟、范奴、游明、严惠潭、叶胡仔、范鸣凤、杨管五、范添贵、陈杞、陈金、游松、王章、陈仙琳、蔡荣、张四、严三、金五、吴惠、李腾、张厚、程宣、范佛招、王福。

以上五十人，俱被铳伤而毙于倭难者。

金长庚、范茂先、陈椿、真桂、黄涧、陈梧、黄良材。

以上士绅七人，皆运筹制胜，冒死督兵者。

陈暄、魏泾、魏锵、陈旦、艾成章、陈奎、王渊、陈时安、叶亨。

以上义士九人，皆督兵济饷，率民效死者。独陈暄别见隐逸。

方明惠、叶渊、游尚桂、叶惠泰、杨惠、徐道鲁、蔡逢岳、叶惠峰、杨惠宗、杨仕升、杨觅六、雷鉴、杨景福、叶长松、叶淳、叶宗珏、李明、严子懋、潘暹。

以上义士总十九人，或冲锋破敌，或献策定谋，亦皆有功于战守者。

陈碧、陈清、陈嘉诰、李唐、张鉴、魏七、叶尚桐、曹球、吴养、黄滋、唐九、曹镃。

以上十二人皆助阵。

张文鉴、黄沛。

以上二人捍患立功，当时省祭。

曹淳、江世保、张锵、詹伯温、何起龙。

以上吏五人，督战以全城者。

李仕清、朱蓬毛、杨六、范潮、范乌头、刘毛桧、叶浃、王花牛、叶尚仪、蔡马四、杨褒、连环、黄宗华、陈钱、何海、柯惠赐、邓银、尹浩、郑马贵、郑牛牯、郑智轩、黄宗保、董子英、杨锡、詹妹孙、杨乌八、叶山六、王德二、江四、陈山六、黄淳、陈永吉、庚达、方明鉴、王六、吴祥、章惠玉、范廪、艾八。

以上兵士三十九人，皆冒死战者。

方浩、方春、徐祐、吴干、傅增、张智、吴三、李华、黄津、项安、严铠、方德、陈三宝、 陈胜祖、蔡厚、江五、何明、何完、支璠、叶谷郎、叶佛壮、方豹、叶袖、黄全、吴斌、杨文、毛坦保。

以上二十七人，皆登敌台以铳箭伤贼者。

又有狱囚立功，如刘福、江拱二人，登城以药矢立毙六贼，下城以狼筅破敌车四次，又施地钩制贼，不敢渡河。[1]

本次调查最令人扼腕的当属松溪抗倭纪念坊碑的散失。据了解，1993年秋，东门村一些群众自发捐资，将始建于元代、清乾隆四十八年重修，之后又荒废多年的古老寺庙五显祠进行修复，改建成老年人活动中心。在翻修过程中，将大门口那堵泥墙放倒，改砌为石墙。在清理旧墙时，村民发现不少砖上刻有文字，随之捡起，仅得14块半，其余都因放倒墙时散失了，村民将它们堆放在祠内的一个角落里。1994年春节期间，松溪县文物工作者将东门村残存的14块半砖重新整理拼装，幸运的是碑文的开头、结尾的落款和建立年月均完好无损，且字迹端正俊逸。青砖清清楚楚地刻着“壬戌之役”时松溪县衙全部官员名单，碑文开头刻着：“壬戌冬倭至东门，战兵一百二十名御敌，全城悉赖阴助，有感。共抽粮饷银一十两正，并募添，建抗倭纪念坊碑一座，伏愿”“阵亡：杨周、范隆、曹山、曹成、魏杭、潘奴、何方……伏愿早生天界”，残碑上密密麻麻刻着人名，共计160余人。

经与县志所载内容比对，可确认，此碑上面原来详细记载了当时抗倭时立功的各阶层人士。但2021年笔者前往松溪调查时，原来尚存的14块半砖也不知去向了。

2. 秦屿抗倭义士冢

程伯简，福宁州秦屿（今福鼎市太姥山镇）人。嘉靖三十五年十月，倭万余攻堡，伯简编甲伍，选游兵精壮者守前，□弱者次之，妇女裹首运石传餐，立于后。倭更番挑战七昼夜而伯简誓众，死守益坚，倭见众

[1]（康熙）《松溪县志》卷九/人物志/武功/明。

秦屿抗倭义士冢

禀命于伯简，争射之，伯简虽患矢石，毋挠。倭以二云车驰至，伯简伐树杈格之，不得薄堞。伯简初以竹矢射，倭见笑，以为不足避，伯简遂以草乌弩及铳连毙数倭，倭乃宵遁。伯简死城上，分巡舒公有恤典，乡人李春荣等为立祠并祀共难四十余人。[1]

忠烈庙，在秦屿小东门。明嘉靖三十五年，御倭忠烈程伯简等四十余人死此，里人李春荣即地建祀，后人增祀水部尚书，府志即作水部尚书庙，误。[2]

现今位于秦屿镇虎头岗有一座道光年间修的义冢，三合土构筑，八角形，边长 1.55 米，高 5.7 米；底座长方形，长 11 米，宽 5 米。当地文史资料称，墓虽为清道光年间修，实为移葬明代程伯简等抗倭义士遗体而修，但没有任何其他材料可佐证此说法。

[1]（万历）《福宁州志》卷十二 / 人文志下 / 风节。

[2]（嘉庆）《福鼎县志》卷四 / 坛庙。

3. 玉岐甘公石塔墓

玉岐甘公石塔墓位于福鼎市龙安开发区玉岐村玉岐自然村西 50 米后山山脚，始建于明洪武二十一年。坐西向东，占地面积 26 平方米。石塔高 70 厘米，宽 51 厘米，厚 42 厘米。石塔碑铭文“甘公石塔，洪武二十一年”，上款“七月吉旦”，下款“戊辰太岁造”。据《甘氏家谱》介绍，原先玉岐又称甘家岐，以甘姓为主，明朝初年倭寇攻打玉岐，甘氏先祖英勇抗击倭寇不敌被杀，为纪念抗倭英雄，因此造塔立碑。

玉岐甘公石塔墓

4. 屯头义民冢

屯头义民冢，原名义民坛，在六都官仓塘头（今福鼎市秦屿镇屯头村北 650 米处）。据（嘉庆）《福鼎县志》记载，“明末寇攻六都，林卿等

屯头义民冢碑

屯头义民冢

率兵御之，力不能支，殪者数十人。人哀其义，将尸合葬。每年七夕，都人循环承祭”。[1]

现存墓丘坐东向西，平面呈圆形，直径 4 米，高 0.8 米，占地面积 12.56 平方米。墓丘前为墓碑，方形，高 0.8 米，宽 0.6 米，上刻“义士林卿等十余人之坛，嘉庆壬申年修”。

5. 硖门安宁墓

安宁墓又名安宁宫、安宁社，位于福鼎市硖门畲族乡斗门头村东家井自然村东 200 米砚田岗上。据文渡《江氏宗谱》记载，明末清初，倭寇猖獗，时而进村掠夺烧杀，福鼎沿海民不聊生。秦屿为倭寇所困，江日

[1]（嘉庆）《福鼎县志》卷四 / 坛庙（祠祀附）。

硖门安宁墓

葵率团练乡民援助。由于倭寇势大，江日葵一直退到东家井附近，最终不敌，江日葵七兄弟与三个儿子以及众乡民力战而亡。乡民有感其抗倭壮烈，为他立社，并作为神来祭拜。原为忠孝节义祠，后谓安宁社，木质结构，后落破废，在原址建宫，形制为墓葬。目前墓葬为清嘉庆十七年十一月十五日重建，坐西向东，由花岗岩石条和青石砌成，墓呈圈椅形，面阔 7 米，进深 14 米，占地面积 98 平方米，由墓坪、墓亭、墓碑及两旁护手组成。墓亭长 2.15 米，宽 1.35 米，高 1.8 米，为四柱三间式，檐角刻有鳌鱼装饰。中央墓碑高 0.9 米，宽 0.45 米，刻有“砚田冈安宁社正神之位，国子监生江有御立石”。墓亭正对面有“海国干城”碑刻，高 1.2 米，宽 0.4 米，雕刻有花卉、供果、祥云等图案。

6. 义勇林九弟碑

该碑位于福安市甘棠镇南塘村西角路边四使宫内，明万历四十年建。倭角长方形碑，碑座梯形，灰白花岗岩材质，高 1.44 米，宽 0.52 米，厚 0.1 米。碑座上宽 0.80 米，下宽 0.9 米，碑座高 0.45 米，占地面积 1.1 平方米。碑上刻楷书“义勇林九弟之碑”，上款“万历四十年二月□日”，下款“通都同立”。据《福安县志》载：“林九弟，南塘人，明万历四十年（1612），海寇入港，率乡勇数十人出战，贼退，追至长岐，贼以火罐掷入船，适中硝桶，火发，九弟抱桶投入水死，全船获免。知县巫某祭之，乡人为立义勇九弟之碑。”[1] 现仍被乡人烧香供奉。

义勇林九弟碑

[1]（光绪）《福安县志》卷二十三 / 孝义。

7. 首占抗倭坟冢遗址

首占抗倭坟冢遗址位于福州市长乐区首占镇首占村与龙门村之间，距首占村 2 公里，纵横约 2.5 公里。之前被称为“抗倭战场遗址”，并称：抗倭名将戚继光率部追踪倭寇，剿灭于此，当时尸体堆积如山，分 36 墩掩埋。现尚存 9 个坟墩，每墩高 1.5 米，直径 3 米。

因无法确证，笔者只能根据原有资料分析，如果所言掩埋尸体处之事为实，那么将其视为“抗倭坟冢遗址”可能会更合理。本次调查发现，由于城市建设的原因，这些坟墩周边已密集建起了许多楼房，坟墩的周边风貌已完全改观。

首占抗倭坟冢遗址原貌

首占抗倭坟冢遗址现状

8. 海口塔顶山抗倭义冢

海口塔顶山抗倭义冢位于福清市海口镇塔顶山瑞峰寺东侧山坡上。2012 年，福清当地老者据史书记载、民间传说以及实地考证，发现了塔顶山义冢的确切位置。据说此义冢埋葬的即为嘉靖三十四年倭寇入侵海口时奋勇反抗而英勇捐躯的军民。现存石碑，上刻写“义冢”两字。

海口塔顶山抗倭义冢

9. 北垞李恭墓碑

北垞李恭墓碑位于福清市高山镇北垞村村口牌坊附近。石构歇山顶，四柱单间碑亭，高 2 米，顶宽 1.05 米，进深 0.65 米。前柱圆角方形，高 0.21 米，宽 0.19 米。碑圆首，高 1.85 米，宽 0.60 米，厚 0.13 米，上阴刻楷体碑文，多已漫漶不清。据重修碑记称：我族十七世祖仲方公，讳恭号南山。明嘉靖年间，倭犯我村，公为护谱捐躯，气贯长虹，德垂千秋，嗣曾为其建坟立碑。

北埕李恭墓碑

东镇祠

10. 东镇祠

东镇祠位于莆田市荔城区黄石镇华东村北300米，系明万历年间三一教门人林真明修建，修建地为嘉靖年间以陈胜为首的抗倭殉难群众葬地。清代和近代重修。祀三一教主林兆恩，配祀陈胜、五显大帝、田公元帅等。占地面积 1065.5 平方米，坐西北向东南，正殿面阔三间，进深三间，穿斗式木构架，悬山顶。近年再修。

陈胜生平事迹未见文献记载，此处据当地文物工作者调查材料撰写。

11. 儒林义烈祠

儒林义烈祠位于泉州市永春县五里街镇儒林居委会西南 100 米，俗称将军爷庙。据（万历）《泉州府志》载：义烈祠，在县西二十五都官田

儒林义烈祠

市。嘉靖四年知县柴镳建，以祀嘉靖元年、二年、三年杀贼阵亡义士尤新五等三十四人。嘉靖三十九年，毁于倭寇。仍存故事如前。[1]当时刻有义烈祠记碑，后碑不知去向。义烈祠重建具体时间亦不详，但至迟在清代已重建。重建后，逐渐将嘉靖三十九年至四十一年，先后御倭、汀等寇战死或幸免于难的义士也祀于其中。

现存祠宇占地面积约500平方米，坐南向北，由祠门、正堂、后殿组成。正堂面阔三间，进深三间，抬梁穿斗式木构架，悬山顶，保存清代及民国碑各一通。

其中乾隆四十八年的碑刻，即是根据州志记载复刻了已遗失的嘉靖初年碑刻，所涉人物都是抗击所谓“汀寇”牺牲的义烈。

民国十四年所刻碑，则是将嘉靖三十九年至四十一年，先后御倭、汀等寇，战死或幸免于难的义士芳名刊于石碑，以示纪念。这块碑刻毫无疑问可以列为抗倭遗产。现附碑文如下。

义烈祠记

嘉靖三十九年至四十一年，先后御倭、汀等寇殁于阵者，今照州志纪名，与前碑之义烈同祀：尤濂、许时佐、王时成、陈通、王邦遂、林德顺、沈佛居、黄元复、吴世可、王邦壁、刘必祉、林以成、杨钦恩、黄纯福、王邦述、魏于守、李学任、李国宣、张四仔、王玉真、朱士登、许养仔、庄以信、颜绵五、王国华、黄道谨、黄元六、郭兴俊、王邦泰。又有武绩可称、未殁于阵者，其义勇九人，皆嘉靖三十九年至四十一年纪名，列左：黄光甫、刘君益、刘君盟、陈克就、李子元、颜巨卿、林铎、尤万原、苏继元。

民国十四年冬月，本境李万悦、尤振忠、李万正、宋忠逵、张廷科、邱章新同勒石

[1]（万历）《泉州府志》卷八 / 秩祀志 / 列祠之祭 / 永春县。

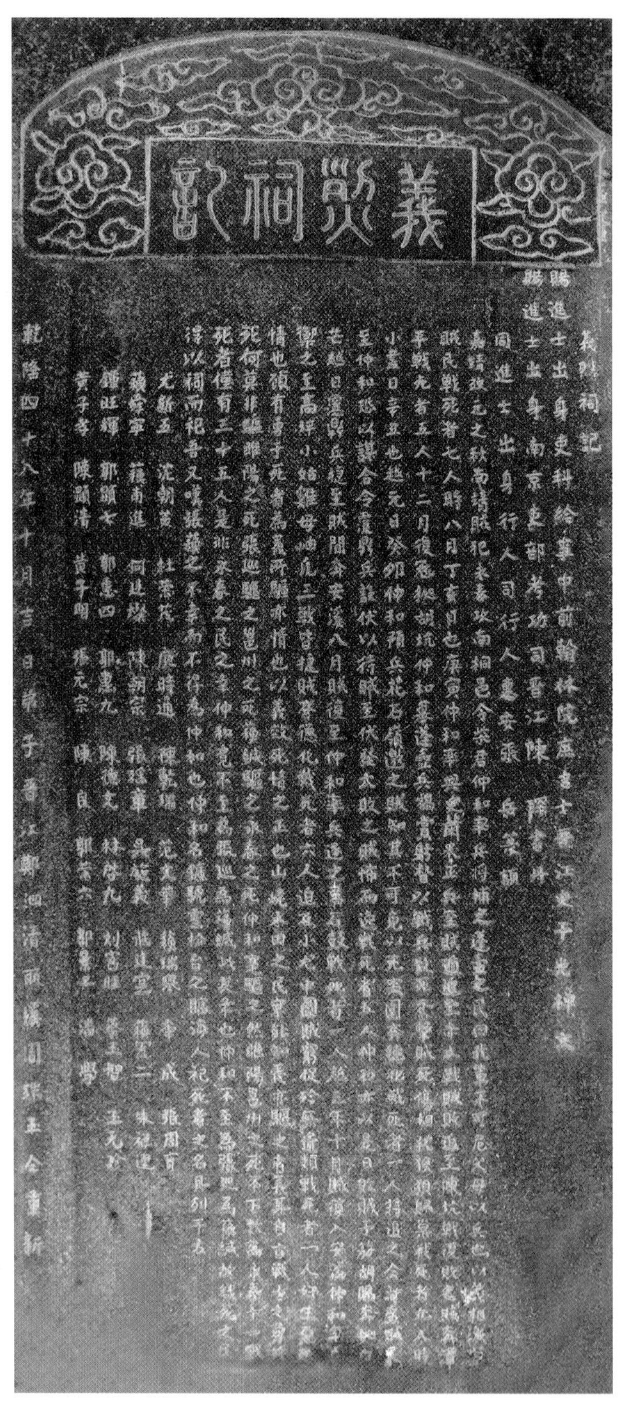

义烈祠记

湖洋东泉祠

12. 湖洋东泉祠

东泉祠，在十九都湖洋堡南门内（今泉州市永春县湖洋镇），祀黄光甫像。[1] 黄光甫，嘉靖间义士。嘉靖四十一年八月，倭又犯永春。黄光甫御之于苦竹岭。[2]其名亦见于义烈祠碑。现存祠宇占地面积约600平方米，坐北向南，由祠门、大殿、后殿组成。大殿面阔三间，进深三间，抬梁穿斗式木构架，悬山顶。

13. 洛江城东琯头十班公妈墓庙

十班公妈墓庙，原来位于古泉州城东的琯头村，据称是当年遇难抗倭英烈的埋葬之处。据口碑材料：明嘉靖三十八年八月二十八日，一支从惠安、洛阳等处登陆的倭寇，路经泉州城东古福泉官道的琯头路段时，

[1]（乾隆）《永春州志》卷三／建置志／祠庙。

[2]（万历）《泉州府志》卷二十四／杂志／盗贼类。

对避于芒草丛中的汉、回两族男女老少村民进行了惨无人道的屠杀。乡兵头领庄良珍闻警后，立即带领庄任村乡兵，会同西福村的魏瑚、杏宅村的郭概等乡贤，组织周边各村的乡兵和民众，快速前来救援村民和抗击入侵倭寇。这一天，与入侵倭寇血战而死和被杀害的村民有上百人，其中有杏宅等村的郭姓，庄任、琯头、古楼、古蓝等村的庄姓，桥南的刘姓，乌屿的董姓，西福、城东、后路、南埔、法花美五村的魏姓，浔美村的何姓，共十几个村庄的所谓“十班”乡兵遇难的男女民众。除可以辨认者被单独安葬外，其余面目难辨者都被一同葬于遇难处琯头的一口古井之中作为公墓。为纪念这些抗倭卫乡的英灵，村民们后来就在这座公墓之上建立了一个约九尺见方的小庙，是为十班公妈墓庙。

近年，因建设需要，十班公妈墓庙移址于岩仔山上复建。2009 年 6 月，在其旁建成“抗倭英烈永垂不朽”纪念碑。

必须指出的是，关于“十班公妈”抗倭的事迹，未见文献记载。同时，现存墓庙已异地重建，完全没有明代风貌。

14. 庄良珍

庄良珍，史籍不传。但本次调查笔者在私人藏家手中发现一块“明隐君浔江庄公暨配慈懿张氏合葬墓志铭”，“庄公”即庄良珍。此碑长 44 厘米，宽 33 厘米，双面，其中明确记载：“嘉靖末，兵火为祟，公率乡兵以作捍御。”嘉靖末，正值倭寇反复侵扰泉州的时期，因此可以确认，庄良珍是一位地方民间抗倭领袖。

15. 东田乌墩岭什班公宫及墓

乌墩岭在南安市东田镇丰山村。在其地有一座什班公宫，关于其由来，当地传说不一。其中一种传说称：嘉靖四十一年，欧阳深率军攻倭寇和匪贼施思备于英都、东田乡，寇匪窜逃至乌墩岭，廖平乙等将领率兵在乌墩岭与之展开一场血战，由于众寡悬殊，廖平乙等什班大将及诸

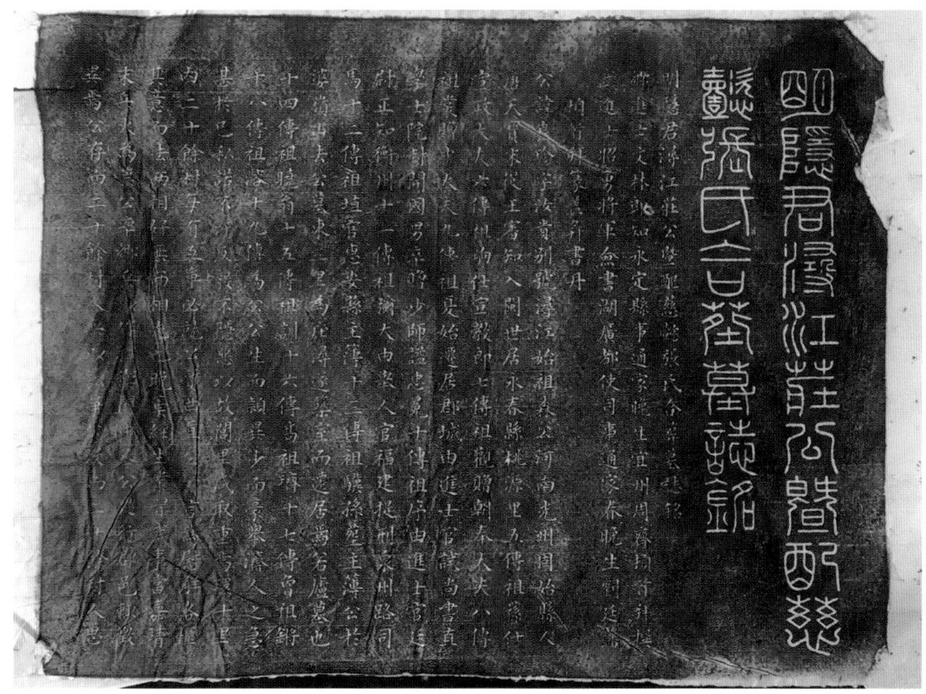

明隱君潯江莊公暨配慈懿張氏合葬墓誌銘

明隐君浔江庄公暨配慈懿张氏合葬墓志铭

乌墩岭什班公宫

士兵全部壮烈牺牲，血染乌墩岭，以身殉国。诸位义烈死后，百姓将他们合葬。现乌墩岭有一座义冢，据称就是抗倭义烈之墓。同时，建什班公宫，现今宫中还供奉一块“明无祀公神位”。

乌墩岭什班公宫神位

什班公宫20世纪60年代被毁，70年代重建。2005年，什班公宫又重修扩建才有如今的规模。目前已没有明代遗产的风貌。同时，这一传说的可靠性也无从考证。

16. 高三弟墓

高三弟墓位于石狮市蚶江镇石渔村、石农村交界处。高三弟，生平不详。墓占地面积15平方米，坐东向西。墓丘为三合土构筑，圆形，直径1.6米，高1.03米。墓穴亦为三合土构筑，长方形，长2.03米，宽1米，深0.52米，顶部塌陷。前立墓碑，上刻“明攻倭阵亡壮士高三弟坟”，字径0.09-0.1米。1996年因建设需要，墓迁建至石湖塔东侧。

17. 漳滨银堂宫张友信碑

银堂宫位于漳州市龙文区朝阳镇漳滨村，始建于清嘉庆五年，主祀保生大帝。占地面积200平方米，两落，由前殿、天井、两廊和主殿组成。主殿面阔三间，进深三柱，石木结构，抬梁式木构架，悬山顶。匾

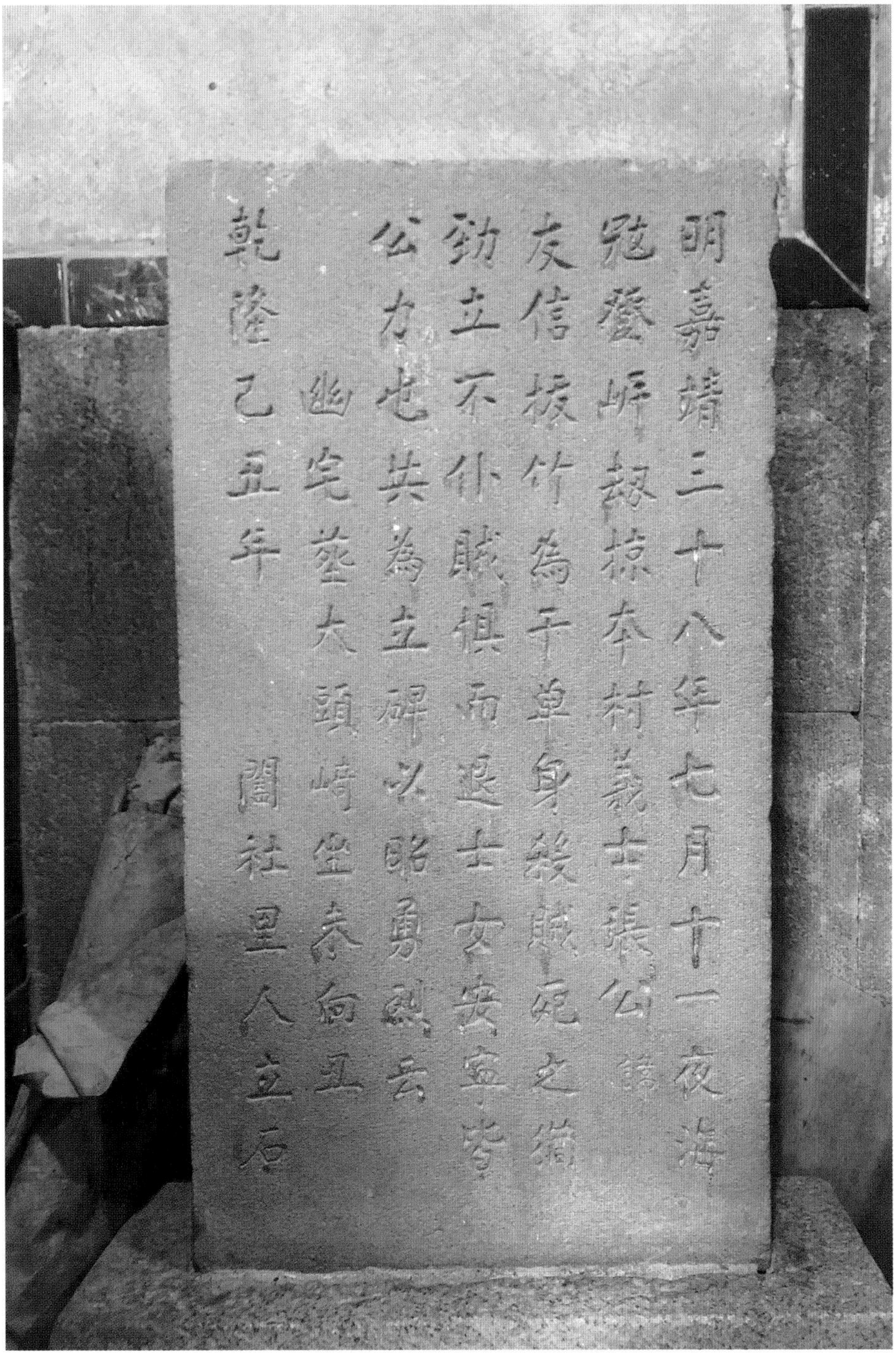

漳滨银堂宫张友信碑

额题“银堂宫”。庙内有石碑一通，碑文如下。

明嘉靖三十八年七月十一夜，海／寇登岸劫掠本村。义士张公讳／友信拔竹为干，单身杀贼，死之犹／劲立不仆，贼惧而退，士女安宁，皆／公力也。共为立碑以昭勇烈云。／幽宅葬大头崎，坐未向丑。

乾隆己丑年，阖社里人立石

张友信，未见其他文献提及。此碑为清乾隆年间刊刻，距离张友信嘉靖年间事迹已过去数百年，不知此时突然刊刻此碑的原因。另外，其墓地据碑文所言在“大头崎”，但已无法寻找。

18. 盘陀忠勇祠、忠勇墓等

（1）忠勇祠

忠勇祠在八都盘陀岭（今漳州市漳浦县盘陀镇盘陀村），祀阵亡勇士。明都督戚继光追倭至此，官兵伤死者八十余人，继光盖祠置田祀之。隆庆五年，复将从征海上逋寇陈一本阵亡指挥朱玑及王世宾、戴守文、陈文摽、刘有大等并祀于此，岁以春秋仲月祭羊一、豕一。文曰：“维神捐躯报国，血战疆场，鱼门落胄，马革名扬，丹心贯日，浩气凌霜，雄垂奕代，卫此一方。惟兹仲春（秋），谨以牲帛香楮用申奠献，尚飨。”清康熙二十七年，知县杨过重修祠宇。三十七年，知县陈汝咸再修。[1] 祠后废。神牌移关圣庙内。[2]

忠勇祠现已不存。

（2）忠勇墓

关于戚继光追倭至盘陀岭，官兵伤死者八十余人，文献上未明确提出，只提及戚继光盖祠置田祀之。但据当地文物工作者早前调查所留记录，阵亡官军埋葬于盘陀，修建坟墓，称忠勇墓。

此墓于 2001 年被圈在天福茶博物院内，修葺一新，并在墓前建亭，

[1]（康熙）《漳浦县志》卷十／祀典志／祠祀。

[2]（光绪）《漳州府志》卷八／祀典／各县列祠／漳浦县。

盘陀忠勇墓

让人凭吊。已无从考据是否确为抗倭死难官军墓。

（3）盘陀关帝庙

盘陀关帝庙占地面积 409 平方米，坐北向南，由门厅、天井、庑廊、正殿、厢房等组成。正殿面阔三间，进深三间，抬梁木构架，悬山顶。祀关帝，门厅两侧分立千里眼、顺风耳雕像。清代忠勇祠废后，民众将明戚继光部抗倭阵亡八十名将士灵位移奉于此庙中，称忠勇公。现已修葺一新。

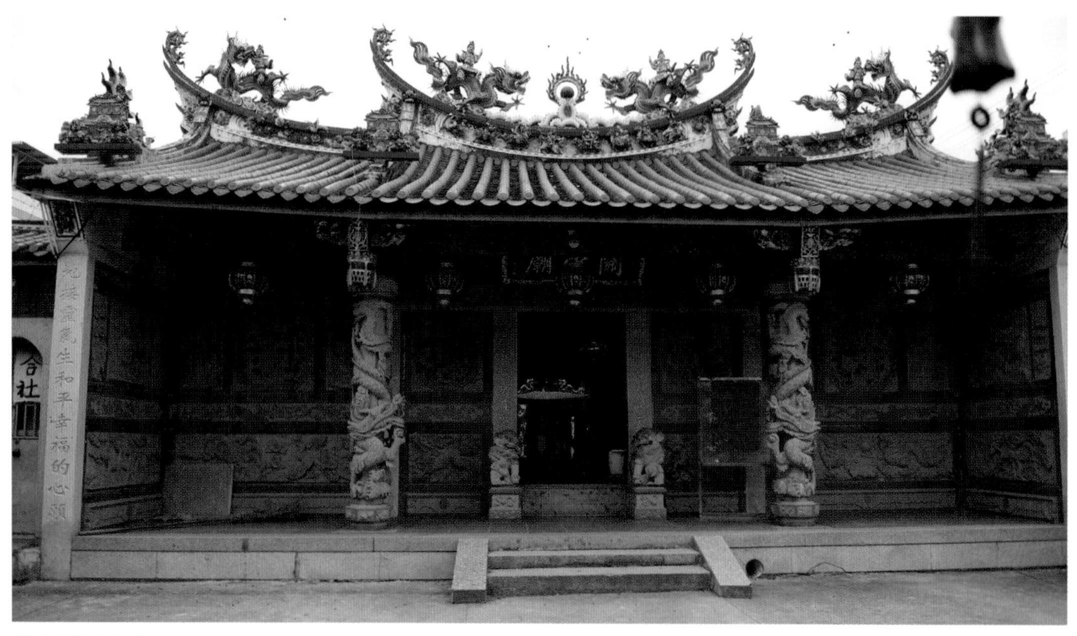

盘陀关帝庙

（4）重修忠勇庙及干桥便民桥记

该碑原立于盘陀忠勇祠，现存于福建省博物院。碑文描述了明万历年间重修忠勇祠的事迹，碑文如下。

重修忠勇庙及干桥便民桥记

邑治所自鹤岭蜿蜒而下，□□□亭。亭下有便／民桥，而南过五凤桥不一里为干桥，之两桥地／形皆下而干桥为长，且甚稍淋雨则水底滞不／可行，又不可通以舟楫，民往来咸艰之。由干桥／之廿里为忠勇祠。先是嘉靖末，倭突自宁兴下，／大将军戚继光长驱至此，歼之。乃追战伐功，檄／祀死王事者若干人，俨然吊古战场意也。历年／滋多，祠宇渐圮，壬午春，／邑大夫性宇王公以名进士来莅兹浦，不期年，／政通人和，百废具举，乃／歙见田黄君由太学出为令簿，实善承之。于是／以癸未岁十一月为修理□捐俸鸠工募之，直／视而桥形势下处增砌以石，各二三尺许，自是／水不上行，积雨无患。已而，君以事至祠下，喟然

/曰："有其举之，莫或废之。"复请于/王公□重修。议募民视治桥直，补之葺之垣之/绘之，自是庙貌焕然一新。事竣，诸民耆以令德/也不可忘，相率丐予言以诚不朽。予谓子产，古/遗爱也。乘舆济人，仅仅以惠名。《夏令》曰：十月成/梁，则其所济实多。苏子谓：士莫先勇敢，勇敢莫/先于倡。唯是祠宇之修，直故事已哉，慰忠魂于/前，因所以倡勇敢于后云尔，君子谓二事得平/政之体矣。黄君嶙政如增者教场，以时演习；修/筑甬道，以便城守等事，不可殚述。其轶事如/此，俟观风者采焉。时

万历岁在甲申季冬之吉/

赐进士出身中宪大夫江西按察司副使奉/

敕整理饶南兵备邑人林梓顿首拜书/

庠生陈□□/蔡时扬/杨烈/程孚□/

耆民/赵孚卿/程孚异/程汝槐等同立

重修忠勇庙及干桥便民桥记

四、倭乱中无名死难者相关遗产

1. 东岩山倭难义冢

明嘉靖年间，乡贤林兆恩倾家组织抗倭的同时，又组织门人广泛收埋尸骨。1996 年，在东岩山北发现三一教主林兆恩命门人收埋的遗骨 2700 多瓦罐，罐盖有墨书“东山祠”等字。于是把发现的全部倭难遗骨移葬石室岩，墓葬上面地表盖以歇山顶仿古建筑和其他纪念建筑，占地面积 3600 平方米，名为“明倭难义冢”。

东岩山倭难义冢，是极为难得的倭患记忆遗产，但令人惋惜的是已被人为从原始地点迁移，并做了不当的修复。

东岩山倭难义冢

2. 阔口万善同归墓

阔口万善同归墓位于莆

田市荔城区镇海街道阔口村。据称为明嘉靖年间倭患时，乡贤林兆恩组织门人收埋死难者尸骨的墓丘。男女分开埋葬，地表上现存有两处三合土构筑的墓丘，占地面积30平方米，均坐西北向东南。墓丘呈龟背形，各高0.8米，宽1米，进深1.5米。墓碑楷书竖刻“万善同归墓”。

因城市建设，该地块现已成为住宅小区。询问当地社区工作人员，均不知此墓去向。

3. 莆禧压煞咒碑

莆禧压煞咒碑立于莆田市秀屿区北岸亭乡莆禧村东。碑高1.86米，宽0.71米，厚0.16米。碑额中间略上方雕刻北斗星座，左右各环云纹3朵，额中部刻一“清”字。碑文为行书，首题“吕真乩制压煞咒”，正文“恶煞凶神，碎为微尘，南斗北斗，元亨利贞；当吾者死，遂吾者利，威光灼灼，筑卫佳城”“急急如律令”，落款“已亥五春立”。据称，抗倭时，城东原是一处坟场。推测是倭乱时死难人士被埋于此地，此碑或即因此而设。

莆禧压煞咒碑

五、倭乱幸存者苦难记忆相关遗产

明代倭乱，给福建地区人民带来极大苦难。不幸遇难者固然值得哀悼，但劫余幸存下来的人们余生也同样遭受了极大的痛苦。除了见诸方志、文集中的种种记录外，在本次调查中，笔者发现了一些碑铭，这些碑铭也同样反映了这种苦难记忆。因此，本书也择要加以介绍。

1. 叶向高墓志

2021 年，笔者在调查时，在某私人藏家处发现叶向高墓志拓片。墓志略有残缺，但从碑文中还是可以看到“逾年先生生，倭患正棘。夫人避外家生于……东西奔窜怀抱中，几及难者数矣”的记录。

2. 皇明伯父刘鉴征府君圹志

刘睿，字鉴征，史籍无载。其墓志中有“伯父亡矣。亡数载，值壬戌倭陷莆城。余考彷徨仓卒寄伯父柩于城西隅”的记载。反映了倭寇攻陷莆田时，普通百姓的慌乱之状。

3. 明韦氏顺慈孺人刘氏墓志铭

该墓志现存于南安市水头镇上林村韦厝自然村韦氏宗祠内，高 0.71 米，宽 0.50 米，厚 0.06 米。墓志中有这样的记载：

戊午，率诸子襄公及恭人葬。越辛壬（按：原碑如此，当为“辛酉”），泉中倭尽发贵人冢，质骸索贿。孺人度不免，则授计二子，启圹引避也。而贼猝至，攻掠所得去，然居地焦土矣。报至，孺人问曰：“先大夫免乎？”曰：“黄恭人免乎？”曰：“免矣。”曰：“苟先大夫及黄恭人免矣，又何求，居屋可葺而复也。”贼退，乃修墙屋如故。

叶向高墓志

伯父劉鑑徵府君壙誌
太平山塋者太父禄一公塋也塋之左列一穴瘞伯
父鑑徵府君太父生二子長郎伯父次余考敕贈文林
郎志梅府君伯父男二俱蚤夭余考只生孫宗卿孫甫
十歲而伯父已矣亡數載值壬戌倭陷莆城余考彷徨
倉卒寄伯父柩于城西隅迄今四十年所矣余謂城西
地僻塚雜百年而後恐孫子忘之用擇今年臘月遷瘞
于是山歲時祭掃得隨太父以不絕則余意也伯父諱
睿字鑑徵生於弘治丁巳三月廿三日子時卒於嘉靖
丙辰六月廿八日巳時伯母唐氏先伯父卒伯父[illegible]
埋于是山余幼竟不得尋其坐向痛哉今[illegible]伯父人如此
萬曆三十八年歲在庚戌臘月吉旦文林郎保昌縣知縣著服侄宗卿痛哭[illegible]誌

皇明伯父刘鉴征府君圹志

明韦氏顺慈孺人刘氏墓志铭

该墓志对于倭寇侵扰泉州时造成的苦痛有详细的描述。

4. 明双鳞郑公玉峰暨配端简孺人李氏合葬墓志铭

该墓志现存于私人藏家手中，高 0.36 米，宽 0.66 米，其中有“世庙辛酉，倭犯东南。鳞峰公避乱安平，寻卒焉。公年始十二。寇平，抵家，室庐灰烬，田园荒鞠”的记录。

明双鳞郑公玉峰暨配端简孺人李氏合葬墓志铭

5. 明处士见塘蔡公暨配孺人吴氏墓志铭

该墓志现藏于私人藏家手中，墓志中有“倭夷之变，父罹大难，公哀毁倍是孝焉”的记载。

明处士见塘蔡公暨配孺人吴氏墓志铭

参考资料

一、方志

（弘治）《八闽通志》，［明］黄仲昭纂，明弘治刻本。

（嘉靖）《惠安县志》，［明］张岳纂，明嘉靖九年刻本。

（嘉靖）《龙溪县志》，［明］杜思修，［明］林魁纂，明嘉靖九年刻本。

（万历）《福宁州志》，［明］殷之辂修，［明］张大光纂，明万历四十四年刻本。

（万历）《福安县志》，［明］陆以载纂，明万历二十五年刻本。

（万历）《福州府志》，［明］林燫纂，明万历二十四年刻本。

（万历）《永福县志》，［明］唐学仁修，［明］谢肇淛纂，明万历四十年钞本。

（万历）《泉州府志》，［明］阳思谦修，明万历四十年刻本。

（崇祯）《闽书》，［明］何乔远撰，福建人民出版社，1994 年。

（崇祯）《海澄县志》，［明］梁兆阳修，［明］蔡国桢纂，明崇祯六年刻本。

（康熙）《寿宁县志》，［清］张香海修，［清］柳上芝纂，清康熙二十五年刊本。

（康熙）《松溪县志》，［清］刘德全修，［清］黄鉴补遗，民国十七年重刊本。

（康熙）《德化县志》，［清］范正辂纂，清康熙二十六年刻本。

（康熙）《漳浦县志》，［清］史鸣皋修，［清］林登虎纂，民国十七年翻印本。

（康熙）《诏安县志》，［清］秦炯纂，清同治十三年刻本。

（乾隆）《福宁府志》，［清］李拔纂，清光绪六年重刊本。

（乾隆）《宁德县志》，［清］陈楙修，［清］张君宾纂，清乾隆四十六年刻本。

（乾隆）《福州府志》，［清］徐景熹修，［清］鲁曾煜纂，清乾隆十九年刊本。

（乾隆）《福清县志》，［清］饶安鼎修，［清］林昂纂，清光绪二十四年刻本。

（乾隆）《永福县志》，［清］陈焱修，［清］俞荔纂，清乾隆十四年刊本。

（乾隆）《莆田县志》，［清］廖必琦修，［清］宋若霖纂，清光绪五年补刊本民国十五年重印本。

（乾隆）《仙游县志》，［清］胡启等修，［清］叶和侃纂，清同治十二年重刊本。

（乾隆）《永春州志》，［清］白瀛修，［清］黄任纂，清乾隆二十二年钞本。

（乾隆）《安溪县志》，［清］庄成修，［清］沈钟纂，清乾隆二十二年刻本。

（乾隆）《泉州府志》，［清］黄任纂修，清光绪八年补刻本。

（乾隆）《晋江县志》，［清］方鼎修，［清］朱升元纂，清乾隆三十年刊本。

（乾隆）《海澄县志》，［清］陈瑛修，［清］叶廷推纂，清乾隆二十七年刻本。

（乾隆）《镇海卫志》，［清］陆潜鸿撰，清乾隆十七年钞本。

（乾隆）《铜山志》，［清］陈振藻纂，清乾隆二十五年钞本。

（乾隆）《长泰县志》，［清］张懋建修，［清］赖翰颙纂，民国二十年重刊本。

（嘉庆）《福鼎县志》，［清］谭抡纂修，清嘉庆十一年刊本。

（嘉庆）《惠安县志》，［清］吴裕仁纂修，民国二十五年铅印本。

（嘉庆）《云霄厅志》，［清］薛凝度修，［清］吴文林纂，民国铅字重印本。

（道光）《新修罗源县志》，［清］卢凤棽修，［清］林春溥纂，清道光十一年刻本。

（道光）《长乐梅花志》，［清］佚名纂，《中国地方志集成》，上海书店出版社，1992年。

（道光）《厦门志》，［清］周凯纂修，清道光十九年刊本。

（光绪）《慈溪县志》，［清］冯可镛总修，清光绪五年刊本。

（光绪）《福鼎县乡土志》，黄鼎翰纂，《福鼎旧志汇编》，周瑞光汇编，厦门大学出版社，2012年。

（光绪）《福安县志》，［清］张景祁修，［清］黄锦灿纂，清光绪十年刊本。

（光绪）《漳州府志》，［清］沈定均续修，［清］吴联熏增纂，清光绪三年刻本。

（光绪）《漳浦县志》，［清］陈汝咸原本，［清］施锡卫续纂，民国二十五年铅印本。

《政和县志》，［民国］钱鸿文修，［民国］李熙纂，民国八年铅印本。

《霞浦县志》，［民国］刘以臧修，［民国］徐友梧纂，民国十八年铅印本。

《连江县志》，［民国］邱景雍纂修，民国十六年铅印本。

《长乐县志》，［民国］孟照涵修，［民国］李驹纂，民国六年铅印本。

《平潭县志》，［民国］黄履思纂修，民国十二年铅印本。

《永泰县志》，［民国］董秉清修，［民国］王绍沂纂，民国十一年铅印本。

《德化县志》，［民国］王光张纂，民国二十九年铅印本。

《南安县志》，［民国］苏镜潭纂，民国二十一年铅印本。

《同安县志》，［民国］林学增修，［民国］吴锡璜纂，民国十八年铅印本。

《金门县志》，［民国］刘敬纂，民国十年钞本。

《云霄县志》，［民国］徐炳文修，［民国］郑丰稔纂，民国三十六年铅印本。

《崇武所城志》，［明］［清］朱彤等纂，福建人民出版社，1987 年。

《梅花志》，［清］佚名纂，《中国地方志集成·乡镇志专辑（26）》，上海书店出版社，1992 年。

二、其他

《明实录》，（台湾）“中央”研究院历史语言研究所辑，上海古籍书店，1983 年。

《惠安政书》，［明］叶春及撰，福建人民出版社，1987 年。

《戚少保文集》，［明］戚继光撰，张德信校释，中华书局，2001 年。

《皇明经世文编》，［明］陈子龙等编。

《獭江所知录》，曾枚著，清光绪元年钞本。

《福鼎史话》，白荣敏著，商务印书馆国际有限公司，2014 年。

《南国残阳·太平军南方余部烽烟纪实》，汤毓贤著，福建教育出版社，2009 年。

《明深沪巡检司始置年代正误》，林德民撰，《海交史研究》，1997 年第 1 期。

（万历）《泉州府舆地图说》，美国国会图书馆藏。